新时代网络能力提升
研 究 丛 书

互联网规律把握能力研究

主编 张传新 景堃
副主编 杨彦超 王鹏 张运洪

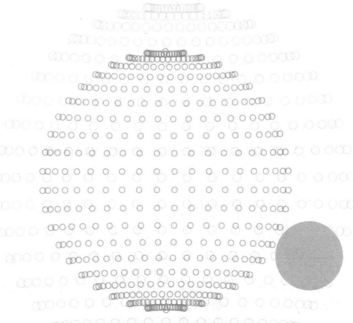

人民邮电出版社
北京

图书在版编目（CIP）数据

互联网规律把握能力研究 / 张传新，景堃主编. ——北京：人民邮电出版社，2020.10（2023.6重印）
（新时代网络能力提升研究丛书）
ISBN 978-7-115-54406-3

Ⅰ. ①互… Ⅱ. ①张… ②景… Ⅲ. ①互联网络—社会问题—研究—中国 Ⅳ. ①D669.4

中国版本图书馆CIP数据核字（2020）第133118号

内 容 提 要

本书介绍了互联网的基本属性，涉及互联网本身的发展特点、产业形态、舆论场塑造和网络安全问题；展现了目前我国互联网发展的背景和现状；分析了目前我国互联网发展中面临的突出风险，涵盖政治、舆论、社会、经济等领域。

本书通过对互联网规律的解读、对我国互联网发展的特点和大量具体事例的总结与分析，帮助读者理解互联网规律、引导互联网发展和防范互联网风险。本书可为广大党员干部和互联网从业人员提供参考借鉴。

◆ 主　编　张传新　景　堃
　 副主编　杨彦超　王　鹏　张运洪
　 责任编辑　韦　毅
　 责任印制　李　东　陈　犇

◆ 人民邮电出版社出版发行　北京市丰台区成寿寺路11号
　 邮编　100164　电子邮件　315@ptpress.com.cn
　 网址　https://www.ptpress.com.cn
　 涿州市京南印刷厂印刷

◆ 开本：700×1000　1/16
　 印张：12.75　　　　　　　　　　2020年10月第1版
　 字数：125千字　　　　　　　　　2023年6月河北第2次印刷

定价：49.00元

读者服务热线：(010)81055552　印装质量热线：(010)81055316
反盗版热线：(010)81055315
广告经营许可证：京东市监广登字 20170147 号

新时代网络能力提升研究丛书
编委会

学术指导 李明德　刘春阳

主　　任 张传新

副 主 任 石　瑾　张　丽　朱晓航

委　　员 崔海默　景　堃　何　扬　姜文华　刘瑞京
　　　　　　程　玲　钱敏锋　陈　宁　雷晓燕　张红伟
　　　　　　朱全发　陈海英　徐旻敏　王　超　沈颖彦
　　　　　　刘传相　吴梅屏　陈蔓莉

丛书序

作为20世纪人类最伟大的科技发明之一,互联网及其应用的出现极大地改变了人类的生产生活方式。一个巨大而共通的网络信息空间拉平了世界,万物互联的愿景已呈现在人类面前。

风云激荡,斗转星移,信息的流动与人类文明的流转命运相连。如果说文字的出现使人类告别了蒙昧和野蛮,迎来了开化与文明,那么互联网的发明则把人类社会分成了"网前"和"网后"两个时代。伴随着以互联网为代表的技术革新,人类社会进入了一个开放共享的全新纪元,中国也翻开了高速发展、科学发展和创新发展的崭新诗篇。

中国特色社会主义进入新时代,党和国家各项事业站在新的历史起点上,各级党政领导班子和领导干部必须不断提高适应新时代中国特色社会主义发展要求的能力。中共中央办公厅印发的《2019—2023年全国党政领导班子建设规划纲要》提出,实施"干部专业化能力提升计划",提升专业能力,弘扬专业精神,推动形成又博又专、推陈出新的素养结构,使领导干部成为精通业务的内行领导,使领导班子专业素养整体适应地方发展需要、单位核心职能。在网络信息时代,网络能力和网络素养成为各级党政领导班子和领导干部专业能力及专业素养的重要方面和重要内容,必须不断强化与大力提升。

党的十八大以来,习近平总书记站在人类历史发展的角度和中国特色社会主义事业全局的高度,多次就党员干部学习和运用互联网作出重要论述,强调推进网络强国建设,推动我国网信事业发展,让互联网更好造福国家和人民。2018年4月,习近平总书记在全国网络安全和信息化工作会议上指出,各级领导干部特别是高级干部要主动适应信息化要求、强化互联网思维,不断提高对互联网规律的把握能力、对网络舆论的引导能力、对信息化发展的驾驭能力、对网络安全的保障能力。

以上提及的"四个能力"从"学习互联网""认识互联网""使用互联网""保障互联网"四个维度出发,它们彼此之间相互契合,又各自包含对党员干部网络素养的不同要求。在学习和认识互联网方面,要求党员干部了解互联网的技术特征以及互联网在当前发展阶段的社会意义,将充分认识互联网作为开展工作的前提,让对互联网规律的把握能力与对网络舆论的引导能力相辅相成。在使用和保障互联网方面,要求党员干部积极拥抱信息化发展带来的技术升级和思维革新,紧紧抓住历史机遇,让对信息化发展的驾驭能力与对网络安全的保障能力的提升齐头并进。"四个能力"是紧密联系、相互促进的有机整体,对网络信息时代党员干部学网、懂网、用网提出了新要求,指明了新方向。

一项伟大的事业不可能一蹴而就，需要我们不断强化学习积累，更新知识储备，跟踪前沿趋势，提升能力素养。为帮助党员干部更好地学习和运用互联网，我们组织编写了这套"新时代网络能力提升研究丛书"。这套丛书紧扣习近平总书记提出的各级领导干部特别是高级干部要不断提高的"四个能力"进行研究，共分4册，分别为《互联网规律把握能力研究》《网络舆论引导能力研究》《信息化发展驾驭能力研究》《网络安全保障能力研究》，各分册既可单独阅读，又互为印证补充。丛书面向党员和各级领导干部，也适合互联网从业人员参考借鉴。

我们期待这套丛书能够助力党员干部提升网络能力、培养网络素养，赋能互联网行业的发展，为网络强国建设添砖加瓦，为推进我国的现代化进程发挥应有的作用。

前　言

当今世界，信息革命改变了社会生产方式，互联网深刻嵌入并重塑了经济社会生活，成为各国发展和竞争的新领域。同时，互联网快速发展、迭代，制造了一个充满不确定性的世界。面对互联网这个最大变量，如何将其变成事业发展的最大增量，借助互联网推动实现中华民族伟大复兴的中国梦，是摆在党员干部面前的一个重要课题。

习近平总书记曾在多个场合发表过有关互联网的重要论述，这是我国建设网络强国重要的思想理论基础。习近平总书记对各级领导干部特别是高级领导干部提出了不断提高"四个能力"的具体要求。其中"对互联网规律的把握能力"排在首位，应当引起党员干部的高度重视。习近平总书记的重要讲话高屋建瓴、内涵丰富，包含不少体现互联网规律的阐述，值得党员干部认真研读。本书编者力图沿着总书记指引的方向，结合实际工作，为读者提供一些较为具体的分析和阐释。

国内外谈论互联网规律的人士不少，但其意见纷杂、观点各异。很多看上去正确的东西，没过几年就被现实"打脸"；很多产业看上去像是风口，没过几年便"一地鸡毛"；很多不起眼的创新，竟然形成了庞大的产业；还有很多突然降临的"黑天鹅"[注1]，其实是难以避免的"灰犀牛"[注2]。面对互联网世界的惊涛骇浪，人们迫切需要正确规律的引领。

本书力求分析互联网规律，并将其进一步延伸至我国互联网领域的社会实践，旨在为党员干部的实际工作提供启发和借鉴。本书将描述互联网领域一些已获得共识的观点，呈现互联网的基本属性；关注互联网应用的发展，阐释网络价值源于用户，创新受益于"互联网＋"，以及长尾市场的出现；分析互联网如何重塑舆论场，从 Web 1.0 到 Web 2.0，形成去中心化的传播格局；指明互联网的脆弱性带来安全问题，网络安全越来越受到重视。

本书并未覆盖互联网领域中的全部问题，而是重点关注党员干部在工作中可能接触到的难题，从政策制定、治理实践的角度看待和分析问题，关注最基本的问题和机制，让非专业的读者也能产生较广泛的认知，获得更多的启发。

我国互联网起步较晚，但发展迅速，取得了举世瞩目的成就，部分领域正在赶超发达国家。如何理解这种成功在政治、经济、社会和文化方面带来的效果，如何落实中央提出的发展互联网的要求，如何看待我国互联网发展中的痼疾，如何为互联网的未来发展做好准备，这都是党员干部在互联网时代的大背景下面临的问题。只有理解互联网规律在经济和社会发展中的表现方式，才能顺势而为、科学治理，让互联网成为事业发展的最大增量。

与此同时，我国互联网的发展也遇到了一些难题，隐藏着不少风险,"黑天鹅"意外飞来,"灰犀牛"逐渐走近,很多敏感问题已经无法回避,如国际竞争、谣言传播、界限不明、违法运营等,这些往往是令党员干部感到头疼的问题。党员干部不仅要了解这些风险的面貌,还要掌握风险的逻辑,提升应对风险的能力。

在新的发展阶段,学习、掌握、总结互联网规律正当其时,运用互联网规律引导发展、防范风险大有可为。希望本书能为党员干部提供有益的帮助。

目录

第一章 如何理解互联网规律

一、何为互联网规律 \ 4

（一）互联网规律是什么 \ 4

（二）互联网规律涉及的重要议题 \ 6

二、互联网的发展与创新 \ 9

（一）发展迅速 \ 10

（二）垄断倾向 \ 14

（三）资本密集 \ 18

（四）新技术应用路径 \ 21

三、互联网用户的价值 \ 25

（一）网络价值源于用户 \ 25

（二）"互联网+"模式的硕果 \ 28

（三）长尾理论 \ 29

四、互联网导致的舆论场变化 \ 33

（一）从 Web 1.0 到 Web 2.0 \ 33

（二）网络"大V"的能量 \ 35

（三）网络传播并不总是理性的 \ 37

五、互联网带来的安全问题 \ 40
　　（一）安全问题分类 \ 41
　　（二）网络安全 \ 42
　　（三）数据安全 \ 45

第二章　如何引导互联网的发展

一、中国是互联网发展的热土 \ 51
　　（一）人口红利 \ 52
　　（二）基础设施铺路 \ 54
　　（三）资本红利 \ 56
　　（四）后发优势 \ 58

二、互联网改变中国 \ 59
　　（一）互联网时代的经济变化 \ 59
　　（二）互联网时代的众生相 \ 62
　　（三）互联网时代的社会形态 \ 66
　　（四）互联网时代的政府治理转变 \ 68

三、推进互联网普遍服务 \ 71
　　（一）数字鸿沟问题明显 \ 71
　　（二）公共服务作为宗旨 \ 76
　　（三）基础设施作为起点 \ 79
　　（四）长效机制作为保障 \ 84

四、提速降费改革 \ 87
　　（一）提速降费助推新经济发展 \ 87

（二）改革红利落地 \ 89
　　（三）内在矛盾待解 \ 93

五、应对野蛮生长带来的问题 \ 95
　　（一）经济泡沫 \ 96
　　（二）恶性竞争 \ 98
　　（三）版权争议 \ 101
　　（四）劳资关系 \ 105

六、助力互联网发展的前沿技术 \ 108
　　（一）5G \ 108
　　（二）物联网 \ 111
　　（三）人工智能 \ 113
　　（四）大数据 \ 116
　　（五）云计算 \ 119

第三章　如何防范互联网的风险

一、网络政治博弈 \ 125
　　（一）国家级的网络战 \ 126
　　（二）网络上的舆论战 \ 128
　　（三）网络力量的政治化 \ 129

二、网络政治动员 \ 131
　　（一）运动宣传平台 \ 131
　　（二）组织动员方式 \ 132
　　（三）行动协调工具 \ 134

三、网络舆论冲击 \ 136
　　（一）网络问政新转向 \ 136
　　（二）民情汹涌不息 \ 139
　　（三）"键盘政治"不止 \ 142

四、网络谣言传播 \ 145
　　（一）政治领域是网络谣言的高风险领域 \ 145
　　（二）网络谣言寄生于热点 \ 146
　　（三）市场化的网络谣言 \ 149

五、网络负放大器 \ 152
　　（一）金融风险放大器 \ 152
　　（二）平台负面放大器 \ 156
　　（三）灰黑地带的形成 \ 160

六、网络平台违法 \ 162
　　（一）个人信息泄露 \ 162
　　（二）数据操控与"网络水军" \ 165
　　（三）平台必须受到规制 \ 168

注　释 \ 173

参考文献 \ 177

后　记 \ 185

第一章

如何理解互联网规律

一、何为互联网规律

二、互联网的发展与创新

三、互联网用户的价值

四、互联网导致的舆论场变化

五、互联网带来的安全问题

我国自1994年全功能接入国际互联网以来，网民规模不断增长，于2008年6月超过美国并位居全球第一；截至2020年3月，我国网民数量超过9.04亿人，互联网普及率达到64.5%[1]；在此期间，还诞生了腾讯、阿里巴巴、百度、京东等一大批优秀的互联网企业。我国毫无疑问已经成为一个网络大国。如何把我国从网络大国建设成为网络强国，是当下我国互联网发展的重要命题。

习近平总书记十分重视对互联网规律的认识和把握。2016年10月，十八届中央政治局就实施网络强国战略进行第三十六次集体学习，习近平总书记在主持学习时指出，"各级领导干部特别是高级干部，如果不懂互联网、不善于运用互联网，就无法有效开展工作"。2018年8月，习近平总书记在全国宣传思想工作会议上强调，"我们必须科学认识网络传播规律，提高用网治网水平，使互联网这个最大变量变成事业发展的最大增量"。

互联网是新生事物，同时又是时代工具，党员干部必须深入理解并牢牢把握互联网规律，才能在互联网时代做到适者生存，进而有所作为。互联网的高速发展得益于技术自身的快速发展和资本助推，网民规模的持续扩大是互联网价值提升的根本原因，网络社交媒体的出现带来了新的传播模式，互联网自身的脆弱性也带来了信息安全问题。这背后的规律贯穿了互联网的发展，引领发展又酝酿风险，值得高度重视。

一、何为互联网规律

互联网自有其规律。当今人们对互联网规律的探索已达到一定水平,一些获得较多共识的互联网规律值得高度关注,认识其逻辑、把握其表现才能指导实践。把握互联网规律是一门大学问,实事求是、与时俱进、辩证看待,缺一不可。

(一)互联网规律是什么

对规律的探索和运用贯穿人类社会历史。从中国古代的"道"到古希腊的"逻各斯",人类认为万事万物都存在规律,希望通过观察和思辨来掌握世界发展的规律,让规律指导人类更好地从事各类活动,典型例子如欧几里得几何学对平面和立体空间关系的证明。在欧洲文艺复兴之后,实验方法的引入催生了近代科学,以牛顿三大定律为代表的经典物理学规律诞生,并不断向各个学科扩展。比如,生物学领域的进化论揭示了复杂系统中的规律,经济学等社会科学开始出现并不断发展,社会规律不断被发现……人类对规律的探索不断深入,逐渐达到了今日的高度。在当今这个互联网时代,互联网规律也亟待人们的探索和运用。

什么是规律?根据《大辞海》的定义,规律亦称"法则",是事物发展过程中的本质联系和必然趋势,具有普遍性、重复性等特点;规律是客观的,是事物本身所固有的,人们不能创造、改变和消灭规律,但能认识它,利用它来改造自然界、改造人类社会[2]。在这个定义下,我们可以看到,欧几里得几何学揭示了空间关系中的规律，牛顿力学揭示了一定条件下物质相互作用的规律，自然选择揭示了生物生存演化遵守的规律……这些规律都是本质联系的反映，在一定条件下具有必然性，其预言的结果定会普遍、重复地发生。

那么互联网领域也存在类似的规律吗？研究者提出了互联网领域存在的一些规律，而且这些规律在一定时空范围内被反复验证。比如著名的互联网三大定律：摩尔定律[注3]、吉尔德定律[注4]和梅特卡夫定律[注5]。摩尔定律和吉尔德定律都是对硬件发展速度的预测，其预测的发展速度在一定时空内是符合实际的，可以将其类比为物理学中的一个常数。而梅特卡夫定律更像一个数学定理，是对互联网价值的计算。就互联网本身来看，其去中心化、脆弱性等属性也是其本质属性。除此之外，经济学、传播学中的一些规律在互联网领域也有所体现，如互联网发展中出现的垄断效应、长尾效应，再如资本运动塑造的产业发展轨迹、互联网传播中的"信息茧房"[注6]等。

互联网规律是对互联网发展至今的一些本质联系和必然趋势的概括和总结。这些观点有对有错，需要进行科学验证。可以发现，上述互联网规律都有可证伪性，摩尔定律预言硬件性能提升一倍需要18个月，如果实际更新速度显著地变慢或变快，那么摩尔定律就需要被修正或被抛弃。实际上，对摩尔定律的修正一直在进行，还曾存在过硬件性能提升一倍需要12个月和24个月版本的摩尔定律。

互联网规律其实是在解释变化着的互联网。目前提出的互联网规律只能在一定条件下成立,未来互联网三大定律可能不再适用。比如一些历史学家认为印刷术带来了传播革命,推动了信息的自由传播,冲击了宗教对知识的垄断。但时至今日,恐怕没有人会继续如此赞美图书和报纸——其传播能力已经被互联网远远甩在身后。此外,随着相关研究的深入,原来人们认知的一些互联网规律也可能被推翻。相对论的提出,让人们看到牛顿力学有一定的局限性,当前也有研究认为互联网并未加剧"信息茧房"的状况。因此,对待目前获得了较多共识的互联网规律,也应抱有一定的辩证甚至批判态度,照搬照抄很可能会产生误解,理解互联网规律需要一定的功力。

(二)互联网规律涉及的重要议题

理解互联网规律,不仅要理解规律本身,更要在实践中理解规律是如何运作的。上述几个互联网规律涉及的重要议题值得关注。

首先,在这些规律背后,一个核心要素是互联网改变了连接:让网民连接,让供需连接,让生产连接,等等。这些连接所产生的新网络具有一定的规律性,比如垄断、去中心化、长尾市场[注7]、脆弱性等。在这个意义上,互联网改变了既有的关系模式。很多人将互联网视为一个现实社会之外的活动领域——一个人为建构的虚拟社会,这并不完全正确。互联网上的行为当然与线下不同,可以相对独立甚至存在区隔,如人为操纵的网络数据就脱离了真实的数据，网络二次元文化也异于主流文化。但互联网更大的变革作用是改变了整个社会的关系模式。互联网通过建立融合线上、线下的社会网络（如朋友圈、"粉丝"圈），催生新的行动主体（如电商、"网红"、自媒体），创造新的交换方式（如在线交易、支付和金融），降低交易成本（如降低渠道和存储的费用）等，改变了经济、政治、社会和文化等各方面的关系模式。比如在经济领域，互联网催生了一个长尾市场，让供求双方更容易匹配，降低了交易成本，还催生了算法推荐、"网红"带货等商业模式。在传播领域，互联网催生了资讯网站、社交平台和自媒体，改变了既有的传播格局，制造出一轮又一轮的舆论浪潮。

其次，变化是互联网的本质属性。当今社会发展迅速，互联网发展得更快，无论是摩尔定律、吉尔德定律还是达维多定律[注8]，都揭示了变化和创新在互联网发展中的重要地位。互联网的本质是什么，恐怕没人能给出一个全面的答案，但互联互通是一个不断变化的过程，表明变化是互联网的本质属性。比如很多观点指出互联网具有去中心化的属性，但是这个"去"的过程显然是持续变化的，从 Web 1.0 到 Web 2.0 无疑是重大变化，甚至还有人提出 Web 3.0 这一概念；再如区块链技术，虽实现了更深一层的去中心化，但对当前平台模式的冲击还有待观察。

同时，也要关注互联网的"破"和"立"。很多观点都聚焦互联网"破"的一面，忽视了其"立"的一面。实际上"破旧"和"立新"是并存的，"旧"有旧的不好，"新"也有新的弊端。

互联网将导致舆论的去中心化是一个流行的观点,但新涌现的网络头部"大V"和自媒体,坐拥数百万甚至千万的关注者,其影响力远超一些主流的媒体;电商被认为打破了渠道商的垄断,但实际上可能带来另一种垄断;一些出租车司机长年吐槽出租车公司的管理措施,但网约车的管理平台同样存在各种各样问题。这不仅是一个平台"去中心化"的过程,同时也可能存在一个建立"中心化"平台的过程。更进一步,应辩证地看待互联网被赋予的价值。互联网曾经被赋予很多美好的期待,然而随着互联网的发展,很多期待都被证明过于主观和片面。互联网被赋予了开放的价值,但在某些领域也存在封闭的问题,网上存在很多圈层,追星、"意见领袖"、兴趣爱好等可以聚集一群人,也可能让群体内的人更加固执和偏激;还有一些网络社群本身是封闭的,甚至故意隐藏起来,有些还从事非法活动。互联网还被赋予了进步的意义,但互联网上的新生事物也可能"作恶":有些电商平台非法经营,有些社交媒体滥用个人信息,有些自媒体传播谣言,有些"意见领袖"煽动仇恨,有些犯罪分子和恐怖组织利用互联网进行破坏。毕竟谁也不能保证网上的活动都是好的,互联网能联通"善",也能联通"恶",甚至可能放大负面因素。

我们应该审慎地看待互联网思维。互联网的发展带来了互联网思维的大流行,诸多名人名言在网上得到了病毒式的传播,"站在风口上猪都会飞"让人津津乐道,但"风过去了,摔死的一定是猪"也有一定的道理。例如,在小米快速发展的阶段,"专注、极致、口碑、快"引发无数解读,但随着热潮退去，几年后这一七字诀一度受到质疑。又如，腾讯基于自身发展总结的"资本+流量"模式显然不适用于所有公司。实际上，很多互联网思维并未触及本质，只是一种浮在表面上的观察，仅适用于较短的时间段及特定对象，难称规律。

最后，我们也不应夸大互联网的作用。互联网是这个时代的"明星"，但不能决定时代，它只是当今世界的一个部分。比如推动"互联网自由"成为美国推广其所谓的"民主自由"的一种外交政策。但实际结果是，互联网的颠覆作用是有限的，互联网的普及给一些地区的动荡带来了重大影响，但局势的走向是当地的经济、社会和政治以及国际干预共同影响的结果。因此，看待互联网应该抱有一颗平常心，不要被舆论炒作扰乱定力，不要看到机遇就盲目大干快上，发现风险就直接封杀了事，而是要想办法引导其健康发展。

二、互联网的发展与创新

1946年，世界上第一台通用计算机埃尼阿克（ENIAC）诞生。1969年，互联网的前身阿帕网（ARPANET）出现。1981年，IBM公司推出世界上第一台个人计算机。1994年，我国全功能接入国际互联网。2007年，苹果公司推出第一代iPhone手机，智能手机的出现开启了移动互联网时代。到今天，互联网已经成了我们生活中不可或缺的重要基础资源。互联网飞速发展的背后有其规律性和必然性。

（一）发展迅速

1965年，英特尔公司联合创始人之一戈登·摩尔提出，当价格不变时，集成电路上可容纳的元器件数目每隔18~24个月便会增加一倍，性能也将提升一倍。换言之，每一美元所能买到的计算机的性能，每隔18~24个月将翻一番。此后，这一更新速度被修正为18个月，并得到较为广泛的认可。这一定律揭示了信息技术进步的速度[3]。而谷歌前CEO埃里克·施密特提出的反摩尔定律指出，一个IT公司如果今天和18个月前卖掉同样多的相同产品，营业额就会下降一半[4]。这意味着，IT公司如果无法研发出新的、高性能的产品，公司的效益就会大幅缩水。这种压力逼迫着IT公司不断研发、创新。

摩尔定律不是一个经过严格证明、科学推导的规律，它只是一个观测结果。但事实上，根据英特尔公司公布的统计结果，芯片上集成的元器件数的实际增长倍数与摩尔定律的预测非常接近。摩尔定律与反摩尔定律对信息产业的发展起到了巨大的推动作用：企业根据摩尔定律预测的发展速度不断提高计算处理性能，而无法跟上这个发展节奏的企业将难以为继。从某种意义上说，摩尔定律是一种愿景，在无数人的不懈努力下，不断推动着IT产业的发展，从而使摩尔定律成为自我实现的预言。

按照摩尔定律预测的半导体研发技术的发展速度，各类处理器的成本显著降低，性能和能效却实现了飞速提升，它们成为科技浪潮的强力推手。如今，人们日常使用的很多设备都搭载了由晶体管构成的微处理器，手机和手表等已经实现了智能化。

处理器等硬件性能的快速提升带动了各类软件功能的优化和升级；反之，软件功能的优化和升级也会推动硬件性能的提升。安迪 - 比尔定律形象地解释了这一现象：安迪给你的，比尔都会拿走。安迪指的是英特尔公司创始人之一安迪·格罗夫，比尔则指的是微软创始人之一比尔·盖茨。安迪 - 比尔定律的意思是说，英特尔公司不断提高 CPU（Central Processing Unit，中央处理器）的计算能力，而微软就用新的操作系统来"吃掉"（消耗）它[5]。

对于软硬件厂商而言，新的硬件研发成功，新的计算机、智能手机等产品上市，软件厂商就会根据新的硬件性能升级原有软件的功能，这样一来，新硬件＋新软件的结合不仅优于旧硬件＋旧软件，也会优于旧硬件＋新软件：软件的更新将"压榨"硬件的性能，通过占用硬件资源影响用户体验，旧硬件可能无法完全满足新软件的运行需求，有的新软件甚至不支持在旧设备上使用。这种竞争局面加大了软硬件创新的竞争优势：新软件不仅性能比旧的好，还会让旧的硬件不好用、不能用。

使用智能手机的人都会有这样一个感触：新手机使用一段时间后，经常会出现卡顿，需要定期清理内存。这是因为所有应用软件都在不断升级，手机性能逐渐无法满足软件运行的需要。在这种情况下，如果不更新设备，用户体验会越来越差，用户只能"被迫"更新设备。硬件厂商和软件厂商的这种"默契"从手机存储空间及软件大小就可以看得出来：2010年上市的iPhone 4，最大存储空间为16 GB，应用软件的大小普遍为几MB或几十MB；2019年上市的iPhone 11，最大存储空间为512 GB，一般软件的大小为数百MB，许多游戏类应用软件的大小已经达到了几GB。硬件的快速发展满足了软件性能提升的要求，两者协同、彼此促进。因此，电子设备的更新速度相对于传统耐用品而言要快很多，对一些用户而言，智能手机使用1~2年就需要更换，计算机使用3~4年就需要升级。

互联网本身也在迅速发展。美国著名经济学家、未来学家乔治·吉尔德在1993年预测了光纤网络革命性的潜力，提出主干网带宽的增长速度至少是运算性能增长速度的3倍，即网络带宽的增长速度是摩尔定律预测的CPU等硬件性能增长速度的3倍。网络带宽的增长同时也受传输介质以及路由器等传输设备和计算机运算速度的影响。主干网网络带宽的不断增长，意味着用户使用网络的费用将持续降低，可使用的网络产品将持续增加。

20世纪70年代昂贵的晶体管在90年代变得十分便宜，因此吉尔德认为当时还是稀缺资源的网络带宽将会变得十分廉价，用户上网的成本也会大幅下降。随着带宽的增加，将会有更多的设备通过网络连接在一起。

互联网相关领域的迅速发展与企业的创新密不可分。英特尔公司前副总裁威廉·H.达维多认为，任何企业在本产业中必须不断更新自己的产品，一家企业如果要在市场上占据主导地位，就必须第一个开发出新一代产品。这一观点也被称为达维多定律。这一定律虽然并不是专门针对互联网的，但对互联网相关产业的发展也有重要的启示意义。

对此的一个阐释是，只有不断创造新产品，及时淘汰老产品，使成功的新产品尽快进入新市场，才能形成新的市场和产品标准，从而掌握制定规则的权力[6]。英特尔公司在1995年为了避开IBM公司新产品的挑战，缩短了当时非常成功的奔腾486处理器的技术生命周期，选择推出奔腾586。英特尔公司通过这种战略，把许多竞争对手远远抛在了后面，因为竞争对手的产品无法适应英特尔公司制定的新标准。观察当今互联网行业的竞争，其在很大程度上是创新的竞争，各家公司争相推出新产品，迭代速度越来越快，某些品牌的新品发布会已成为行业竞争的重要风向标。

由此可以看出，互联网行业最重要的就是对创新的信心。英特尔公司中国研究院原院长吴甘沙表示，当今社会出现了一种指数性增长，启示我们：一是创新不能停滞，一旦停滞就会加速死亡；二是在创新的速度方面，必须越来越快；三是在创新时间点上，哪个时间点都不算晚，后来者只需一代甚至一个时间点，就可以将领先者 N 代的荣耀全部颠覆[7]。

纵观互联网发展史，存在典型的波浪式发展特点，一段时间内居于浪潮之巅的企业往往不是被同行打败,而是被新崛起的技术击垮。快速发展的互联网行业中没有永远伟大的企业,所有企业都可能冲上浪潮之巅,也可能跌入深深低谷:苹果计算机在20世纪90年代起起落落;微软兴盛于20世纪90年代,其发展停滞于21世纪;21世纪初的iPhone手机在移动端创造辉煌,但目前也面临创新乏力的问题;还有很多曾如日中天的企业如诺基亚、摩托罗拉、雅虎等已经跌落"神坛"。任何伟大企业都可能会"死",只有创新是"不死"的。

(二)垄断倾向

《浪潮之巅》的作者吴军博士根据苹果公司前CEO斯卡利的《奥德赛:从百事可乐到苹果》一书中的观点总结道:某个商业领域发展成熟后,市场不会容纳3个以上的主要竞争者。某个行业一定会出现一个老大,成为这个行业的主导者。毫无疑问,老大想统领整个行业,但是它也会遇到一两个主要的挑战者,也就是老二,也许还有老三(也可能没有老三,呈现双雄模式),剩下的是一群小商家。老大是这个领域的主导者,通常会占据60%~70%的市场份额,并制定这个领域的游戏规则[8]。

实际上,国内外的互联网公司大多是如此,每个相对成熟的领域排得上名号的公司最多不超过三家,而且基本上行业中第一梯队的公司相较于其他公司具有明显优势。从国内来看,即时通信工具领域的腾讯、互联网金融领域的蚂蚁金服、网络安全领域的360、微博领域的新浪、O2O(Online to

Offline，线上到线下）领域的美团大众点评正是如此；从国外来看，谷歌、亚马逊等在各自的领域亦是如此。第二梯队的企业往往会占据 20%～30% 的市场份额，有时也可能会挑战龙头企业的地位，但总体上还是处于竞争劣势。如在搜索领域，截至 2019 年 8 月，百度搜索在国内的市场份额为 76.69%，搜狗搜索的市场份额为 10.67%，360 搜索（好搜）的市场份额不足 10%[9]。

龙头企业所占的市场份额如此之高，在其他行业十分罕见，但在互联网行业却司空见惯。各细分行业的龙头企业最重要的战略资源就是极高的市场占有率，它们也因此掌握了行业的主导权。首先，由于用户黏性的存在，除非出现重大的技术突破，局部创新很难让用户选择新的产品。举个例子，假如现在市场上出现了一个功能及产品定位与微信相似的移动社交软件，用户使用新软件的成本是比较高的，除操作习惯外，如何保持原有的社交关系是最大的问题，除非所有好友全部都使用新软件而放弃微信，用户才会考虑更换软件。

其次，互联网行业中的上下游企业间普遍存在较强的耦合关系。例如，谷歌搜索目前在国际市场上占据了较大的市场份额，一些网站为了使自己更容易被谷歌推荐给用户，需要按照谷歌搜索的推荐方法来优化自己的网页，这样便催生了专门做网站优化工作的下游产业链。如果出现新的搜索引擎挑战谷歌，只要不是颠覆性的，不论它是否比谷歌好，都很难取得广泛认同，因为这条产业链原本的获益人会首先拒绝使用。

最后,互联网企业与传统工业企业相比,具有低成本、高利润的特点,容易形成垄断。互联网企业是轻资产、重研发的知识密集型企业,企业最主要的支出是有限的人力和管理成本;在生产和开发环节,开发一款软件可以销售无数次,而不需要付出额外的成本。而传统行业一般都是资源密集型或劳动密集型企业,在生产阶段需要投入大量资源。例如服装企业需要投入大量的生产设备和劳动力,石油、矿业等开采企业还需要考虑资源的有限性。因此这些企业很难像互联网企业那样,在自由竞争的市场上占据过高的市场份额而形成垄断。

形成垄断后,一些大的互联网公司就会收购很多具有潜力的创业公司,以获取其需要的技术,向新领域拓展。很多初创企业也乐于被巨头收购,创始人借此获取巨额资金补偿,企业也能获得更好的平台。当今全球排名前列的互联网公司几乎都形成了一个庞大的生态系统,在各个领域有针对性地布局、"落子"。比如谷歌收购了YouTube、DoubleClick和摩托罗拉,向视频、广告等领域拓展;国内的腾讯最开始仅做社交软件,后来逐步扩张成一个集移动支付、游戏、视频等多种产品于一体的庞大的产业"帝国"。

但互联网企业的垄断地位并不是一成不变的,建立垄断和打破垄断的倾向并存。根据达维多定律,创新能够帮助企业获得市场主导地位。当今,互联网行业无疑是创新能力最强的领域,互联网巨头的成长大多具有创新背景。但同时,只有持续创新才能保持领先地位。一些企业未能持续创新,或创新失败,如诺基亚、雅虎,就成为明日黄花;高通在

3G时代占据垄断地位，在4G、5G时代受到新兴企业的冲击；而目前仍在浪潮之巅的巨头，如谷歌、苹果等公司，也不能保证会持续"称霸"全球市场。

企业的垄断其实也只是相对的，新生企业仍有局部超越的可能。创新工厂董事长兼CEO李开复认为，互联网的市场并非是一维或二维的，而是三维、四维，甚至是更多维度的，很少有企业能垄断多个维度。比如脸书（Facebook）可能是最大的社交软件，但推特（Twitter）等公司仍有存活空间；在微软、雅虎两家独大时，谷歌仍可以做大做强。对于创业者来说，如果能够在某一项技术上保持优势，去做巨头不擅长或不专注的领域，仍然有成功的机会。比如YouTube，在谷歌已经对视频领域有所投入并取得较大份额时进入市场，快速抓住机会实现了爆发式的成长，成为市场领先者，最终迫使谷歌斥资16亿美元将其收购[10]。

依靠垄断地位赢利本身并不一定违法，但利用垄断地位打压竞争对手、侵犯用户权利、损害市场的公平竞争环境和用户的正当利益，则极有可能触犯法律。最著名的例子之一就是网景和微软两家公司在网络浏览器产品上的竞争。20世纪90年代，美国国家超级计算机应用中心的研发人员为了方便用户浏览互联网，开发了具有图形界面的网络浏览器。1994年该浏览器的核心开发者安德森和投资人克拉克共同成立了网景公司，成功推出了"网景导航者"。这一浏览器产品轰动一时，很快被市场接受，公司也于1995年挂牌上市。虽然微软尝试与网景进行合作，但取得了战略先机的网景拒绝了微软。感受到压力的微软宣布将 IE 浏览器产品免费开放给公众使用,以与网景竞争,而当时购买网景浏览器的使用权需要 45 美元。同时,微软将 Windows 95 与 IE 浏览器捆绑销售,这一招等于是微软利用其垄断优势发起攻击,因为当时全球有 85% 的计算机安装了 Windows 95 系统,微软便利用这一垄断去创造了另一个垄断[11]。对于网景而言,浏览器是公司的主要收入来源,它完全没有实力与微软打价格战,其技术和产品上的部分优势也不足以让用户抛弃 Windows 操作系统。很快网景就被微软打败,后来被美国在线收购。

法律是对于垄断最具强制力的约束,但法律对技术发展的适应有一个过程,在法律完善之前难免会有一批"牺牲者"。1997 年,失去市场的网景向法庭起诉微软的垄断行为,一直到 2000 年 11 月,微软才向美国司法部妥协。但在这之前,网景便已经因为无法继续经营而被收购。在 2000 年之后,微软多次受到反垄断调查,虽然大多数结果都是微软妥协并进行赔偿,但微软一直没有被拆分。

(三)资本密集

任何一家公司的创办都离不开资本的帮助,风险投资在互联网企业的发展壮大过程中起着至关重要的作用。如今许多在互联网行业内叱咤风云的企业巨头,在初创阶段都是从硅谷狭小的车库或居民楼里发展起来的,这些企业最初设计研发的产品基本上是几个创始人的智力结晶。而将产品推向市场、实现赢利、帮助企业发展壮大乃至上市、成为行业领导者，离不开资本的运作。

在互联网高速发展的 20 多年间，涌现出了一大批年轻的行业精英，比尔·盖茨在 21 岁时创办了微软公司，乔布斯同样在 21 岁时创办了苹果公司，拉里·佩奇和谢尔盖·布林创办谷歌公司时年仅 25 岁。年轻人在创业时往往缺乏资金，而且大部分创业者都是从事技术工作出身，对于市场需求、产品推广、企业管理、财务审计都缺乏经验，想要创业并不是一件轻松的事情。因此，大部分创业者都会寻求风险投资公司的帮助。

风险投资是一种以高风险获取高回报的投资方式，与需要抵押的贷款方式不同，风险投资无须抵押，也不需要偿还。投资方愿意对有潜力的科技产品和有能力的企业创始人投资。如果投资成功，投资方会获得几倍、几十倍甚至上百倍的回报；而如果投资失败，投资方也必须承担相应的损失。但对于创业者而言，即使失败也不会背上债务，这在很大程度上减少了创业的后顾之忧，也解决了创业初期资金短缺的问题。

国内互联网企业的发展壮大也离不开资本的帮助，其中最有名的一笔投资是日本软银集团在 2000 年注资阿里巴巴。软银集团由日本投资人孙正义于 1981 年创办，并于 1994 年在日本上市，致力于 IT 领域的投资，在全球投资了 600 多家企业，在 300 多家 IT 公司拥有多数股份，孙正义也被誉为"亚洲巴菲特"。1999 年 9 月，马云与"十八罗汉"成立阿里巴巴集团。2000 年 1 月，软银找到刚成立的阿里巴巴，想要投资 4000 万美元，并要求占 49% 的股份，遭到马云拒绝；最终双方达成协议，孙正义投资 2000 万美元，占 34% 的股份。2014 年，阿里巴巴赴美股上市，市值一度高达 2300 亿美元，这笔投资为软银带来了数千倍的收益，软银在很长一段时间内都是阿里巴巴的最大股东。而对于阿里巴巴来说，在创业初期就得到了大金额融资，这笔融资帮助其走上了快速发展的道路。这可谓双赢。

无论是风投机构还是上市过程中新加入的投资者，资金的进入都让投资者变成了该公司的新股东。吴军博士在《浪潮之巅》中指出，一般而言，投资者和公司创始人的基本利益是一致的，双方都希望公司健康发展、得以上市或被收购。但也会有利益冲突的时候。如果初创公司前景不妙，投资者就会选择马上关闭或"贱"卖公司，避免损失过大；而此时多数创始人倾向于继续维持下去，这时就要看哪一方控制的股权更多了。而当一家公司有了起色时，风投可能会倾向于让公司立即上市以收回投资，而一些创始人则希望将公司做大后再上市。投资人与创始人因意见不合而产生纠纷的情况时有发生，有的投资人甚至会赶走创始人[8]。董事会赶走企业创始人的案例在国外的 IT 企业中时常发生，乔布斯就曾在 1985 年被赶出苹果公司，直到 1997 年才重新回归。

不过在国内的互联网巨头中，雷军、马云、王兴、李彦宏等均具有比所持股比例更大的投票权，这在一定程度上避免了其对公司失去控制权的风险，降低了资本对公司的影响。但这种模式也可能导致公司过度依赖创始人的个人魅力与能力，从而导致公司在一些重大决策上的科学性不足。创始人与资本这两方的力量都深深地影响着公司的发展，两者的关系微妙而敏感。

（四）新技术应用路径

一项新技术从出现到成熟会经历一个漫长的周期，全球知名的IT研究与顾问咨询公司高德纳（Gartner）每年会根据分析预测结果，将各种新技术的发展阶段及其达到成熟所需的时间绘制在一条曲线上，这条曲线被称为"高德纳新兴技术成熟度曲线"（以下简称技术成熟度曲线，见图1.1），有助于企业了解市场当下的热点及未来的趋势。

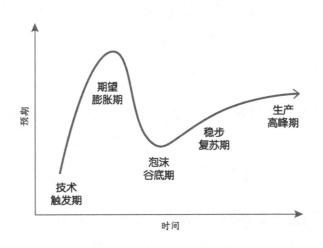

图1.1 技术成熟度曲线（图片来源：高德纳公司）

高德纳公司自1995年起每年推出年度的技术成熟度曲线，它描述了创新的典型发展过程。技术成熟度曲线的横轴为"时间"，表示一项技术将随时间发展经历各个阶段。曲线的纵轴是"预期"(2009年前被标为"可见度",即技术的发展预期),表示市场和公众对一项新技术实现商业应用的期望值。技术成熟度曲线展示了新兴技术发展的5个关键阶段,介绍如下。

(1)**技术触发期**。新技术出现的初期,早期的概念验证引起了公众的关注。在这个阶段尚未产生可用的产品,其商业可行性也没有得到证明。

(2)**期望膨胀期**。早期的宣传产生了大量的成功故事,同时也伴随着大量的失败案例。一些公司采用了该项新技术,大部分公司没有采用。

(3)**泡沫谷底期**。随着实验和技术实施的失败,人们对新技术的兴趣开始减弱,多数技术提供商草草收尾或以失败告终,少数幸存的厂商只有提高其产品质量,并使早期用户满意,才能获得更多投资。

(4)**稳步复苏期**。关于新技术可以使企业受益的事实已经明确并且被广泛接受,第二代及第三代技术开始出现,更多的企业开始试用新技术,保守的企业依然保持谨慎态度。

(5)**生产高峰期**。新技术已经作为主流技术被广泛采用,评价新技术生产可行性的标准已经被制定出来,新技术具备了广泛的市场实用性和相关性[12]。

很多频繁引用技术成熟度曲线的人都不知道,这条波浪线其实是两条曲线的叠加(见图1.2)。一条代表炒作程度,反映的是媒体和公众对于该技术期望值中虚高的部分;另一条则代表技术与商业成熟度。两者叠加后，纵轴对应公众对一项技术的实际期望，横轴则对应时间的演进。

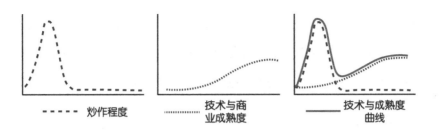

图 1.2　技术成熟度曲线的组成（图片来源：高德纳公司）

高德纳团队通过对业内专家及从业人员进行访谈并分析、预测的方式，确定各项技术在曲线上所处的位置，因此技术成熟度曲线存在一定的主观性，也不适合以定量的眼光考察，它的价值更多在于揭示各项技术所处的阶段和前景。

以共享单车为例，如果把它的发展历程对应到技术成熟度曲线上会是什么结果呢？我国的共享单车真正开始发展的时间是2014年，从2014年8月ofo成立到2016年8~9月ofo与摩拜分别获得B轮投资，这一阶段可以对标技术成熟度曲线中的技术触发期。这一阶段我国共享单车市场上占据优势地位的是ofo和摩拜两家公司，双方在竞争中快速发展。

从2016年下半年开始，ofo与摩拜这两家行业第一梯队的公司进行了激烈的竞争，抢占用户市场，此时第二梯队逐渐涌现出来。到2017年年初，市场上出现了大量不同品牌的共享单车，形成"井喷"的态势。这一阶段可以对标技术成熟度曲线中的期望膨胀期。

从2017年下半年开始,共享单车的爆发式增长导致其在热点区域被过度投放,规模超过环境承载能力,"烧钱大战"也让一些企业的经营难以为继。大批共享单车公司倒闭,废弃单车堆积如山,多家平台接连出现资金链断裂等负面新闻。2018年11月以来,ofo倒闭的传闻不胫而走,大量用户排队提取押金。自此,共享单车跌入泡沫谷底期,资本市场逐渐"退烧"。

2019年以来,随着美团大众点评、滴滴、阿里等公司进入共享单车市场,并将共享单车纳入各自的产品和业务体系,共享单车重新恢复了上升势头,进入了稳步复苏期。

技术成熟度曲线的重要启示在于,资本密集和盲目投机、贪婪和恐惧交替给互联网行业造成了严重的波动,导致互联网经济泡沫不断涌现并破裂,唯有把握发展规律才有可能在不确定性中获益。世纪之交的互联网经济泡沫就是在盲目投机中产生并破灭的。当时,初创公司只需在名字上加"e"或".com"就能让自身估值翻番。1999年,高德纳公司的分析师亚历山大·德罗比克认为,电子商务并不是多么具有颠覆性的技术,不值得市场为那些止不住亏损的公司贴上更高的价签。他把市场预期与技术成熟度的偏离画在了曲线上,并给出一个大胆的预测:互联网泡沫将在2001年前破裂。没人想到,仅仅4个月后,在2000年3月,美国纳斯达克股市就开始崩盘,技术成熟度曲线也因此在业内一战成名。

因此,评估新技术所处的发展阶段变得尤为重要,其在技术成熟度曲线上的位置成为投资的重要参考。这不仅对于投资机构具有重要意义，对于制定公共政策同样具有参考价值。还是以共享单车为例，回顾其发展历程，不可否认共享单车符合政府改善出行环境、缓解城市交通拥堵、发展绿色经济、鼓励创业创新的政策取向，消费者也确实感受到了共享单车在解决"最后一公里"问题方面带来的便利。因此共享单车从诞生起便受到资本市场的青睐，政府对共享单车的发展也持正面、积极的态度。但短短一两年的时间，共享单车就出现泡沫破裂，造成用户押金难退、创投资金损失、创业信心受挫等一系列问题。如果之前能预计到这一强烈波动的发展路径，就可能有很多机会采取对应措施，防止泡沫破裂造成"一地鸡毛"的局面。

三、互联网用户的价值

用户是互联网行业的立业之本，用户的参与给互联网带来了价值。通过互联网连接起来的用户（生产者和消费者）创造了价值，推动了"互联网+"的创新模式的产生和发展，提高了经济效率和服务多样性；同时，基于互联网平台的市场所具有的长尾属性，促成了更多的供求匹配，形成了新的商业模式。

（一）网络价值源于用户

计算机硬件的发展使人类掌握了前所未有的计算能力，互联网的出现则联通了世界各地的计算机，将无数个"信息孤岛"连接到一起,将用户联系在一起。

梅特卡夫定律提出了网络价值的估算公式,即网络的价值与联网用户数的平方成正比。网络的价值不仅源于用户本身,更源于用户之间的联系。如果网络上有 N 个人,每个人单向联系 N 个人（包含他自己）,产生 N 个价值 a,那么网络的整体价值就是 $N^2 \cdot a$。梅特卡夫断定,随着上网人数的增长,网络资源将呈几何级数增长。网络价值不是消耗品,用户不会消耗价值,反而会生产价值,或者说网络价值的生产与消费是一体两面的。清华大学公共管理学院教授苏竣给出一个解释,信息资源的特点不仅在于可以被无损耗地消费,而且信息的消费过程同时也很有可能是信息的生产过程,信息所包含的知识或感受在消费者那里催生出更多的知识或感受,消费它的人越多,它所包含的资源总量就越大[13]。

根据梅特卡夫定律,可以认为互联网行业的垄断特征是由网络外部性决定的:网络外部性是指用户数量越多,网络价值就越大。由于网络外部性的存在,互联网企业的竞争具有马太效应,率先建立用户基础的大企业将获得整个市场,赢者"通吃"[14]。优势或弱势一旦出现就会不断加剧并自我强化,带来滚动的累积效应。许多成功的网络公司正是依靠这种效应来推动增长、提高产品的吸引力,并为竞争对手制造进入的壁垒。以谷歌等公司为例,随着更多的用户使用谷歌搜索引擎,其搜索结果将变得更加准确,还可以定制;网络越大,谷歌掌握的用户个人资料越多,投放的广告就越有价值。再如滴滴,其平台入驻的车主与乘客越多,对用户就越有利：车主更容易接到单，乘客更容易打到车，平台本身的收益也越来越多。

梅特卡夫定律还暗示了基于用户的企业扩张模式。掌握了巨大的用户群体，互联网企业就拥有了巨大的资源，基于已有的用户规模，可以轻而易举地开展新业务，比如阿里巴巴从电商平台出发开拓金融业务，腾讯从即时通信找到游戏业务的新契机。这与微软和网景之争略有不同，微软捆绑Windows系统与IE浏览器是基于Windows系统的垄断，而非基于Windows系统用户之间的网络连接；而腾讯开发游戏产业，则利用了QQ平台的网络用户，这是其他游戏公司不具备的条件。

在这个意义上，《连线》创始主编、《失控》一书的作者凯文·凯利认为，互联网的行业垄断是一种自然垄断，能给用户带来更大的价值[15]。在这种垄断的情况下，企业和用户是互惠互利的。一方面，具有较大规模的企业形成垄断可以降低企业的成本；另一方面，用户也需要使用统一而非割裂的互联网应用。以微信为例，微信刚出现的时候，你可能不会下载它，因为你的朋友和同事都不用它。但随着微信用户的积累，你很快发现微信中有自己的社交关系，这时使用微信就变得很有必要了。随着越来越多的用户的涌入，网络的用户群就如滚雪球般越滚越大。

（二）"互联网+"模式的硕果

1912年，美籍奥地利裔经济学家熊彼特提出了"创新"的定义：创新就是要"建立一种新的生产函数"，实现"生产要素的重新组合"，即把一种此前没有的关于生产要素的"新组合"引入生产体系中[16]。在熊彼特看来，"创新"属于经济范畴而非技术范畴，它不仅指科学技术上的发明创造，还指把科学技术作为知识体系引入企业，形成一种新的生产能力，为企业产生经济效益。创新＝新组合＋效益，这是对创新范畴的极大扩展，丰富了创新的内涵，揭示了创新的着力点，指明了创新活动的常态。

在这一理论背景下，"互联网+"模式为各行各业提供了创新的可能，即改变了生产函数。计算机、传感器、RFID（Radio Frequency Identification，射频识别）芯片、手机、可穿戴设备等应用于互联网，与各行各业的业务结合，形成了基于互联网的新业态。例如滴滴等打车软件运用的就是"互联网+交通"的模式，根据出租车司机和乘客的需求，改变了接单、任务分配、提供服务、支付、评价等流程，也改变了乘客的消费习惯。再如网络支付，通过支付平台降低了陌生人之间的交易成本，改变了支付模式。

"互联网+"模式已经结出丰硕的果实，从中可以看到实实在在的创新，特别是创新带来的经济效益和社会效益。比如"互联网+教育"，在优质教育资源的普惠共享方面发挥了重要作用。2018年年底，《这块屏幕可能改变命运》这篇文章在微信朋友圈刷屏。文章讲述的是当时云南的一个贫困县——禄劝县某中学通过网络直播教学，获得了四川某中学的优质教学资源，最终帮助一批大山里的孩子考上名校。这个故事的背后正是"互联网＋教育"的模式在发挥作用，通过网络直播实现了知识的传递和共享，让偏远山区的孩子享受到了优质的教育资源。"互联网＋教育"因其成本和门槛较低，近年来发展迅速，网易公开课、慕课（MOOC）学院等网络学习社区以及各式各样的网课都在不断推动教育信息化的发展。

再如"互联网＋农业"，目前已经成了农业产业升级的助推器，实现了农业全产业链的创新提升，包括通过信息技术优化经营管理服务模式和农业电子商务应用，借助数据实现农业现代化管理科学决策并推动农业服务提升。以农业电子商务为例，根据《2020 全国县域数字农业农村电子商务发展报告》，2019 年我国农村电商合作社数量达 2011 个，县域网络零售额达 3.1 万亿元，约占全国网络零售额的 29.1%。电商渠道加速下沉，阿里、京东、拼多多等电商企业纷纷聚焦县域农村地区，发展县域电商市场的同时，助力农业农村发展[17]。

（三）长尾理论

除了上述领域外，"互联网＋"还在商业上创造了一个长尾市场，值得专门讨论。

在互联网成为信息传播的主要载体之前,电视是人们获取信息、休闲娱乐的重要渠道。电视最了不起的地方在于它可以用极高的效率将一个节目传送到数百万人面前,但它无法将数百万个节目同时传送到同一个人面前,而这一点正是互联网的强项。电视时代需要黄金节目来吸引大批观众,这样在黄金档播放的广告收益才会最高。为了最大限度地吸引观众,黄金档安排的节目往往要迎合大多数人的口味,不可避免地会忽略用户的个性化需求。同样,在传统的实体销售店面中,由于货架的数量和成本的限制,商家只能选择摆放有限的商品,并且摆放的一定是最热门、销量最好的商品,这导致在满足大部分消费者需求的同时,另一部分消费者的需求被忽略了。

互联网的出现改变了这种情况。现在在网上,我们可以通过各种视频网站或音乐软件,找到任何我们想看的视频或想听的音乐;我们在淘宝、京东等电子商务网站可以买到的东西比在任何超市、商场或书店都要全。

这就是被誉为互联网时代的思想家、预言家的《连线》杂志前主编克里斯·安德森提出的长尾理论在现实中的反映。他指出:我们的文化和经济重心正在加速转移,从对头部的少数主流产品和市场的需求转向对尾部的大量产品和市场的需求(见图1.3)。在一个没有货架空间限制和其他供应瓶颈的时代,面向特定小群体的产品和服务与主流热点同样具有经济吸引力[18]。

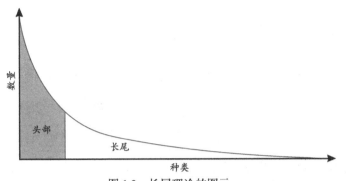

图 1.3 　长尾理论的图示

这是因为互联网平台能帮助更多供给和需求完成匹配，从而促使大量的小众市场开始出现。iTunes、网易云音乐、QQ 音乐、虾米音乐等音乐软件集合了音乐需求的长尾市场，用户可以找到很多小众、非流行、个性化的音乐；而在唱片时代，这些音乐难以被发行，只能出现在酒吧的演出中。网飞（Netflix）、爱奇艺等视频网站则是视频长尾市场的集合器。在电视时代，观众很难选择节目，错过了其播出时间就只能等待重播；但现在，网民可以通过视频网站观看各类影视剧，网站和网民自制的影视作品也开始出现。亚马逊、淘宝、京东等聚合了有形商品的长尾市场，消费者可以通过检索找到自己想要的商品，其中很多商品可能不会在大超市进行销售，甚至在市场上也难寻踪迹。对于互联网平台而言，适当的分类和搜索功能可将无限的产品选择结构化，帮助消费者更快地匹配自己的需求。

另外，长尾市场与社交相结合，带来了基于信任的营销。人们对广告和花钱做广告的机构已经不那么信任了，广告打得再好，只要上网看到负面信息，很可能马上便会对广告失去信任。同时,人们对个人的信任却呈上升之势,口头传播的成效越来越显著。这种口头传播的主体分为两种。一种是普通的消费者或网民,他们的出发点只是分享或希望观点能够得到他人的认同。例如,消费者在网购前会考虑产品的销量并通过看别人的评论来了解产品;观影者在看电影前可能会先看影评和评分。另一种主体则是网络红人(简称"网红")。《中国新媒体发展报告 No.8(2017)》指出,从以"芙蓉姐姐"为代表的"网红 1.0"时代的"网红",到以"papi 酱"为代表的"网红 2.0"时代的"网红",她们越来越职业化,并且找到了可以赢利的商业模式,能将人气转变成商业价值,从而催生了新的经济业态——"网红经济"。所谓的"网红经济"就是通过网络红人,在社交媒体上利用内容获取关注、聚集人气并打造个性化品牌,依托庞大的"粉丝"群体,与社交电子商务等结合,将"粉丝"的关注转化为购买力,将人气转变成商业价值,实现个人价值变现、流量变现的新经济业态[19]。一批社会公众人物凭借自身强大的"吸睛"能力受到众多网民的追捧,比如格力公司的董明珠、小米公司的雷军等。同时,一大批"草根"经营者通过原创视频、问答、直播、网店销售等方式走红,一些头部美妆、服饰类博主的店铺的营业额高得惊人,比如"口红一哥"李佳琦曾创下 5 分钟卖出 1.5 万支口红的纪录,年销售额超过 3 亿元。

长尾市场现象的出现改变了影响社会生活长达一个多世纪的"二八法则",那时普遍的规律是,20% 的产品带来了

80%的收益。克里斯·安德森在《长尾理论》一书中指出，在互联网零售企业里，传统零售商20%的热销产品仅相当于互联网零售商2%的存货，其全部商品仅相当于互联网零售商10%的存货。对互联网零售商而言，这10%的存货可以带来75%的销售额，而其独有的90%的存货创造了额外的25%的销售额，这极大地拓展了市场规模。

四、互联网导致的舆论场变化

今天我们处在一个信息爆炸的时代，每个人都扮演着信息生产者、传播者与接收者的多重角色，拥有多重身份。报纸、电视等传统媒体在舆论场中的权重不断减弱，网络化的媒体和社交网站在信息传播中的地位不断提高，这催生了网络舆论场的新格局，给多个领域带来了去中心化的冲击。

（一）从 Web 1.0 到 Web 2.0

互联网的演进带来了新的传播格局和传播模式，也给传媒业带来了革命性的冲击。

互联网传播经历了 Web 1.0 和 Web 2.0 时代。在 Web 1.0 时代，互联网上的信息传播与传统媒体并没有太大区别，更多的是整合报道内容并进行传播，新浪、网易等门户网站通过转载其他传统媒体的内容吸引用户，即便如此，由于内容丰富和发布快速，其较传统媒体还是有很大的优势。但这种门户模式必然导致信息过剩，暴露出内容趋同的问题（新浪、网易、搜狐等门户网站的内容高度重合），容易使受众在海量信息中迷失。

Web 1.0 时代的口号是"内容为王"，网站通过内容吸引眼球，这是传统媒体思维的一种延续，对新闻的解读能力成为衡量网络媒体水准的重要指标。尽管有些网站没有新闻采访权，但它们可以通过评论、在线访谈及其他与网民互动的方式来加工新闻。

在 Web 1.0 时代，互联网传播与传统媒体仍有很多相通之处。门户网站虽然改变了信息传播的载体，但传播模式仍然采用传统媒体那种点对面的模式；经营方式也复制了传统媒体的经营方式，内容免费，这与报纸的低价策略类似，即不靠阅读收费，而是通过内容吸引读者，靠销售广告获得收入。

Web 2.0 时代的到来从真正意义上实现了对传统媒体的巨大变革。Web 2.0 的概念在 2004 年被普遍接受，它是指允许用户广泛参与网站内容建设与交互的技术，网络不仅"可读"，也变得"可写"，由用户主导生成内容，具有强烈的交互性和个性化特征。目前与 Web 2.0 相关的主要技术有 RSS（Really Simple Syndication，简易信息整合）、博客、百科、SNS（Social Networking Service，社会网络服务）、微博、微信等。这些技术进一步突出了普通网民在网络信息生产中的作用，使网民之间产生更加密切、牢固的关系。伴随着 Web 2.0 时代的到来，"自媒体"这一概念也逐步被接受。

在这一时代，信息传播向"个人门户"模式发展。在这一模式下，网络中的每个节点都是一个传播中心。每一个节点同时扮演着信息的生产者、传播者与接收者的多重角色。这些节点既包括个人用户，也包括媒体或其他机构用户。这意味着在某些时候，网络内容是由多个节点共同参与、"分布式"生产出来的[20]。比如在一些突发性事件发生时，新闻媒体可能还没有做出反应，而事发地的网民就已经随手将目睹的内容发布到网上了，尽管信息可能存在片面、可信度不高的情况，但通过多个网民发布的内容就可能拼凑出事情的全貌。在这种情况下，网民集体而非媒体呈现了事件真相。

通过 Web 2.0 的应用，个体无须以传统大众媒体作为中介，就可以在公共话语空间发出自己的声音，从而具备了影响社会舆论的能力。近年来，一系列网络舆情事件充分展现了社交化传播的巨大能量：知乎的一名网民对"人性最大的恶是什么"的高票答案引发了人们对"魏则西事件"的关注，网友"花总丢了金箍棒"曝光了高档酒店的卫生问题……这些信息的发布者是"草根"网民、知名人士或专业机构，不再是传统的新闻媒体，这些发布者通过微信公众号、新浪微博等自媒体平台使信息迅速传播，最终引发了舆论场的震荡。

（二）网络"大V"的能量

在社交化的信息传播模式中，信息是沿着人们的社会关系网络流动的，也就是"以人为媒"。在这样的传播模式中，社会关系的数量与质量直接影响着信息的传播。相同的一条信息由不同的用户发出，其效果是不同的。传播学中提到的"意见领袖"在信息传播中能发挥巨大的作用。回看近年来的舆情事件，我们可以发现，互联网上同样存在"意见领袖"，"大V"用户、高"粉丝"量的自媒体账号带来的传播效应是普通网民无法比拟的。

在大规模社交网络中，社交影响力高度不均衡，往往只有少数用户拥有大量的好友、"粉丝"和很高的关注度，而多数用户只拥有很小的影响力。例如在新浪微博中，某女主持人的微博"粉丝"数已超过1亿人，而大部分普通用户的"粉丝"数仅为数百或上千。娱乐圈艺人公开恋情就能让新浪微博一度出现运行故障，但普通网民的悲欢离合却很少能获得陌生人的关注。

信息的传播范围往往是由网络中的社交关系决定的，要实现广泛传播就必须经过网络的中心节点，也就是我们常说的"大V"用户。关注互联网发展历程的读者可能还记得，在我国刚开始有微博的时候，新浪、网易、腾讯都推出了自己的微博应用，在其推广的过程中，最重要的工作就是邀请知名演员、歌手、运动员和企业家等进驻，并以此作为吸引用户的手段。而这些用户就是它们各自的社交网络建立初期的中心节点。

一个用户能够成为"大V"，不仅源于其自身的名人属性，也源于其网络行为。事实上，很多"大V"需要通过在互联网上不断地展示自我来"圈粉"，其中包括转发特定话题的内容、发布一定倾向的评论、提供特定领域的知识和服务、回答网民的提问等。

社会上的议题很多，网上的议题也很多，但单个网民关注的议题往往是有限的，因此一个"大V"不可能利用所有议题来吸引"粉丝"，只能选择少数的"生态位"[注9]来深耕，这必然导致"物种竞争"。我们可以看到很多"大V"的定位不同，例如定位于娱乐、体育、时事评论、财经、医疗、军事等领域，这与传统媒体领域的报刊有着不同的定位和影响力一样。

看待"大V"应该回归其（自）媒体属性。近年来网上存在不少对"大V"的批评，主要是针对一些发布错误言论的"大V"，这往往让人误以为"大V"本身具有泛政治属性，热衷于时事话题，往往立场还存在问题。实际上，这只是某个时期、某些个体的特殊案例。时事话题确实具有较强的传播力，但一般其传播力还比不上娱乐、体育等领域的话题，互联网能养活的社会评论家很有限。既然社会议题和人的兴趣本身是多元的，"大V"的定位也必然是多元的，这是由其自身传播格局决定的。如果互联网的整体风气是清朗的，造谣生事的人也不会成为"大V"，因此不应对"大V"持有刻板印象、先入为主地进行评价，而是要关注其实际的行为。

（三）网络传播并不总是理性的

在 Web 2.0 时代，信息的产生、传播和供给方式都存在非理性化的倾向。从信息的产生来看，过去职业媒体人对信息"把关",在社会化媒体中演变为用户用鼠标"投票",转发、评论和点赞数量成了决定新闻能否登上头条的核心因素。这就导致有时信息发布的出发点不是提供真实、客观的信息,而是为了在社交网络中表达自我。有些用户可能基于自身的价值认同或利益诉求,发布主观臆断或与事实相悖的内容,甚至是极端观点和阴谋论,有时反倒会引起社交圈的关注。

为了吸引用户或引导舆论,有些自媒体往往会发布针对某个群体或全社会的焦点和痛点的信息,甚至为了制造爆炸性效果,不惜歪曲、编造内容。同时,另外一些自媒体出于自身利益的考虑,也会加入其中,变成谣言和不实信息的"放大器"。近年来,关于食品安全、股市波动、事故灾害、养生保健类的谣言屡见不鲜,热点事件的舆论也时常被牵着鼻子走。

从信息的传播方式来看,互联网上的信息需要经过多次传播才能到达受众,每一次信息传播都可能导致信息的扭曲,例如传播者在转发信息时附加自己的意见,或者对原始信息进行增减、篡改。分布式的信息传播意味着信息的不断再生产,很容易滋生谣言。谣言最终的作用对象是普通用户,如果没人相信,谣言自然没有发酵的土壤。但受信息不对称、阅历的丰富程度以及教育程度等因素的影响,网民很容易受到误导。在网络上,人们的决策容易受到各式各样的群体性影响,这是由信息级联[21]决定的。

信息级联是指人们在认为他人提供给自己的信息可能比

自己通过其他途径了解的信息更有说服力时，通常会改变自身的立场而跟随他人的立场，并认为其符合情理的情况。个体在接收的信息有限时，极易受到其他信息的误导而得出错误的结论。

最后，从信息的供给方式来看，互联网也存在非理性的土壤。近年来出现了基于推荐算法来分发信息的网络平台，它们以"个性化"为卖点，通过分析用户的行为实现精准匹配，用信息投喂代替信息检索，使算法"代替"人脑成为决定信息传播的直接主体。

有观点认为，包括推荐算法在内的互联网传播方式，可能带来如美国学者桑斯坦提出的"信息茧房"效应。桑斯坦提出，在互联网时代，伴随网络技术的发展和网络信息的剧增，我们能够在海量的信息中随意选择我们关注的话题，完全可以根据自己的喜好定制报纸和杂志，每个人都拥有为自己量身定制一份个人日报（Dailyme）的可能性。这种"个人日报"式的信息选择行为会让人长期处于过度的自主选择中，沉浸在对个人日报的满足中，从而失去了解不同事物的能力和接触其他事物的机会，不知不觉间为自己制造一个"信息茧房"。当个人长期被禁锢在自己所建构的"信息茧房"中，久而久之，个人生活会呈现一种定式化和程序化的状态。生活在"信息茧房"里的人不可能考虑周全，因为他们自身的见解将逐渐根深蒂固[22]。这就容易形成传播学意义上的"回音室效应"，即在一个相对封闭的环境中，一些意见相近的声音不断以夸张或其他扭曲的形式重复，使处于相对封闭环境中的人认为这些被扭曲的故事就是事实的全部。

在群体规模上,社交网络中的用户如果仅接受同质化的信息且持有相似的态度,就会不断强化现有的信息和观点,从而降低接受和包容其他观点的可能性。有人甚至担心社交媒体可能会加剧"物以类聚,人以群分"的局面,用户可能会因为总和志趣相投的人待在一起,而把社交圈变成一个个孤岛,即"网络巴尔干化"[23]:互联网分裂成有特定利益的不同子群,一个子群的成员总是利用网络传播或阅读仅吸引本子群其他成员的内容。这可能诱发群体极化注10现象,导致群体趋于极端,瓦解社会整合。

需要说明的是,也有观点认为网络中存在的非理性行为不能完全归咎于互联网,目前没有充分证据表明使用互联网一定会加剧传播中的非理性倾向。网络上的非理性行为是人类固有的行为,这些现象古已有之,心理学、传播学等学科对此有较多研究。相反,使用互联网有可能极大地缓解上述问题,例如通过互联网能接触到不同信息和观点,从而突破现实社会网络中的"回音室",让人更容易理解和包容不同观点,更容易获得和查证信息,从而识别谣言;智能推送提供的"你可能感兴趣的内容"也并不一定是同质化的,也有可能有助于扩展人们的认知领域,突破"信息茧房"的束缚。

五、互联网带来的安全问题

在互联网时代,安全问题的重要性不言而喻。网络自身的脆弱性导致信息安全形势十分严峻,亟待人们给予高度重视,形成推动互联网安全行业发展的有效合力。

(一)安全问题分类

随着互联网重要性的不断凸显,无论是个人、企业还是国家层面,对于信息安全的重视程度都在不断提高。我们经常听到的"信息安全""网络安全"和"数据安全",三者之间互相区别又有联系。

信息安全指的是防止信息在生产、传输、处理和储存过程中被泄露或破坏,确保信息的可用性、保密性、完整性和不可否认性,并保证信息系统的可靠性和可控性。人们对信息安全的认识经历了数据安全时代(强调保密通信)、网络信息安全时代(强调网络环境)和当前的信息保障时代(强调不能被动地保护,需要有保护→检测→反应→恢复4个环节)[24]。

2017年6月1日起正式实施的《中华人民共和国网络安全法》对网络安全的定义为:通过采取必要措施,防范对网络的攻击、侵入、干扰、破坏和非法使用以及意外事故,使网络处于稳定可靠运行的状态,以及保障网络数据的完整性、保密性、可用性的能力。

信息安全与网络安全有很多相似之处,两者都对信息(数据)的生产、传输、存储和使用等过程有相同的基本要求。但网络安全指的是通过各种技术或设备,保证网络环境持续、可靠、安全地运行,为信息安全提供平台保证。因此,网络安全只是信息安全范畴中的一部分。

相对于信息安全概念，数据安全与广大用户的关系则更为密切，国家对数据安全的重视程度也越来越高。数据安全是指保护信息在数据处理、存储、传输、显示等过程中不被窃取、篡改、冒充且不可抵赖，其保护的是网络信息安全的机密性和完整性。它有两方面的含义：一是要求各类组织切实承担起保障数据安全的责任，即保障数据的保密性、完整性和可控性；二是保障个人对其个人信息的安全可控。

总体来说，信息安全概念的范畴最广，网络安全和数据安全是并行的概念，两者没有特别清晰的界限，还有重叠的部分。数据安全侧重于"静态"安全，即保证数据不被泄露、保障数据自身的安全；而网络安全偏向于"动态"安全，即网络环境下信息传递过程的安全。

（二）网络安全

网络安全面临的最大挑战在于互联网本身的脆弱性，即其缺陷不可避免。中国工程院院士、海军计算技术研究所高级工程师沈昌祥认为，"世界上没有无 Bug（漏洞）的软件，跟人体一样，有缺陷并发生病变是避免不了的"。他认为，不可能存在铜墙铁壁、刀枪不入的安全之地，就算设计再精巧、结构再复杂，也会有漏洞。网络安全领域的一项研究显示，程序员每写 1000 行代码，就会出现 1~6 个缺陷或错误，而这 1~6 个缺陷或错误就有可能产生漏洞[25]。

2018年，全球半导体制造巨头英特尔公司被曝出其生产的芯片存在设计漏洞，会导致原本普通的程序可以拥有前所未有的高权限，甚至可以直接访问核心内存中的数据。该事件被部分业内专家称为"计算机史上最大的安全事件"。

漏洞的不可避免导致互联网易受攻击。华中科技大学教授余祥认为，网络管理系统和数据库管理系统等核心软件的脆弱性导致它们对传输、处理和存储过程中的数据保护乏术，以至于敌手可以采用多种攻击手段对数据实施窃取、篡改和破坏。在2015年的中国互联网安全大会上，美国首任网军司令亚历山大的一番话震动了不少人：世界上只有两种系统，一种是已知被攻破的系统，一种是已经被攻破但自己还不知道的系统。也就是说，在攻击者面前，没有任何完全安全的系统。

勒索病毒是常见的网络安全威胁，主要通过恶意代码干扰中毒者的正常使用，中毒者需要向病毒传播者交钱才能使网络恢复正常。这类勒索病毒近几年来不断出现，成为破坏网络安全的罪魁祸首。它们一般都采用加密文件、收费解密的形式，只是所用的加密方法不同。除加密外，也有采用强制显示色情图片、威胁散布浏览记录、使用虚假信息要挟等手段进行勒索的。

2017年5月12日，"WannaCry"勒索病毒席卷全球。据捷克网络安全企业爱维士公司统计，全球99个国家和地区发生了超过7.5万起计算机病毒攻击事件，但更让人惊讶的莫过于该病毒的源头竟是西方针对Windows系统研发的黑客武器。2016年8月，一个名为"The Shadow Brokers"（TSB）的黑客组织号称入侵了一个尖端的网络攻击组织——方程式组织（Equation Group）。TSB组织从方程式组织中窃取了大量机密文件和他们开发的攻击工具，并将部分文件公开放到网上。这些被窃取的工具中包括了可以远程攻破全球约70%的Windows系统的工具"永恒之蓝"（Eternal Blue）。"WannaCry"勒索病毒与"永恒之蓝"漏洞利用工具搭配，产生的效果就是，只要有一个用户点击了含有勒索病毒的邮件或链接，其计算机就会被勒索病毒感染，进而被"永恒之蓝"入侵并感染与它联网的所有计算机。

DDoS（Distributed Denial of Service，分布式拒绝服务）攻击是黑客的另一个常用手段。网络安全领域中的DDoS攻击，一般是指攻击者利用"肉鸡"（也称"傀儡机"，指可以被黑客远程控制的机器）对目标网站在较短的时间内发起大量请求，大规模消耗目标网站的主机资源，让它无法正常服务。

2016年10月22日起，美国发生大规模DDoS攻击，推特、Tumblr、网飞、亚马逊、Airbnb、PayPal和Yelp这些知名网站无一幸免。2018年1月29日，荷兰三大银行（荷兰银行、荷兰合作银行及ING银行）表示其网络系统在过去一周内不断遭受DDoS攻击，导致网站和互联网银行服务瘫痪。2018年3月2日，知名代码托管网站GitHub遭受了有史以来最严重的DDoS攻击，峰值流量达1.35 Tbit/s。

网络攻击显然要通过网络进行。将重要设备与互联网进行物理隔离被认为是一种非常安全的措施。在如今要求网络安全的大背景下，几乎所有企业都会通过物理隔离来使自己的重要基础设施网络免受来自外界的攻击。但凡事没有绝对，一些研究表明，物理隔离的计算机设备也不一定安全。

有研究发现，突破物理隔离的技术威胁通常与电源和电磁辐射有关。一些攻击手段可以通过电源线窃取被隔离计算机的数据，其工作原理为：通过恶意软件感染被隔离计算机，恶意软件可将目标计算机的二进制数据编码成电能消耗模式，进而改变计算机的功耗，引起本地电网电流的波动，攻击者只需测量电线传输数据时电流的变化并将其解码即可。实验结果显示，此类攻击能从被隔离的台式计算机、笔记本电脑、服务器和物联网设备中窃取数据。

计算机及其外部设备（包括显示器、打印机等）在工作时会产生不同程度的电磁泄漏，这些辐射出去的电磁波可以在一定范围内被仪器设备接收，经过提取处理，就可恢复出原信息，从而导致信息泄露。在 2018 年 8 月召开的黑帽安全技术大会上，Eurecom 研究小组在大会上发表并展示了利用电磁泄漏窃密的研究成果，该小组在 10 米远的距离外成功获取了 nRF2832 芯片内部的 AES-128 密钥。

（三）数据安全

近年来，全球范围内发生了多起严重的数据泄露事件，上千万乃至上亿条信息被泄露，大量个人信息被非法窃取和倒卖。其中不少事件背后都有黑客的身影。网络出租车公司"优步"在2016年被黑客窃取了5700万名客户的姓名、电子邮件地址和电话号码，以及60万名美国司机的驾照号；谷歌云服务（Cloudflare）出现数据泄露漏洞，全球超过550万个网站的上亿用户受到影响，一些会话、密码、私人消息、API（Application Program Interface，应用程序接口）密钥和其他敏感数据被随机泄露给了访问者，被搜索引擎缓存或被黑客收集。在我国，华住集团的5亿条用户个人信息曾被泄露，顺丰3亿条快递物流数据曾被黑客在"暗网"[注11]出售。

2018年，脸书网站受到黑客攻击，5000多万名用户的个人信息数据泄露。此次事件影响巨大，根据《纽约时报》和美国有线电视新闻网的报道，该事件涉及的海量用户信息被第三方公司（剑桥分析公司）获取，这些信息被用于政治和商业领域。

随着现代信息技术的发展，个人信息成为重要的数据资源，数据价值也在不断地被挖掘和释放。如今威胁数据安全和个人隐私的不仅是网络黑客，一些企业也成了个人隐私数据的收集者和利用者。中国人民大学法学院教授刘俊海分析认为，企业获取用户个人信息主要是为了通过精准营销来卖商品、卖服务；同时数据资产已经成了互联网企业的核心资产，企业估值上市时，其拥有的消费者个人信息越多，则核心资产的价值就越大，越容易获利。

这种信息搜集难免有强制、过度获取个人信息之嫌，严重威胁个人隐私，并容易成为造成信息泄露的隐患。2018年11月30日，中国信息通信研究院（简称中国信通院）旗下的中国泰尔实验室与中国互联网协会、电信终端产业协会联合发布的《智能终端产业个人信息保护白皮书（2018年）》称，智能终端行业普遍存在应用软件（App）"一揽子授权，不授权就不给用"的现象，用户只能无奈地用"隐私换取便利"[26]。

2018年百度公司创始人李彦宏的一句"中国人对隐私不那么敏感"受到热议。央视新闻的一篇报道——《谁说"中国人愿意用隐私换便利"？》对此评论称，"人们最害怕的，不是李彦宏往枪口上撞说了错话，而或许是他说了真心话，是科技巨头对用户核心利益的熟视无睹，成为一种脱口而出"。国内用户的"为效率放弃隐私"，更多情况下是无奈接受，是"被同意"和"被授权"。

本章从互联网行业发展、用户价值、舆论传播、信息安全等角度梳理了目前被普遍接受的观点和规律。可以看出，互联网各个维度的发展都有其内在的逻辑，我们可以科学地掌握它们。下一章，我们将分析我国互联网发展的历程和其中的重要议题，以便读者从中体悟如何掌握互联网规律，从而引导互联网的发展。

第二章

如何引导互联网的发展

一、中国是互联网发展的热土

二、互联网改变中国

三、推进互联网普遍服务

四、提速降费改革

五、应对野蛮生长带来的问题

六、助力互联网发展的前沿技术

通过上一章对互联网基本规律的梳理，相信读者对互联网的发展已有基本了解。但对于党员干部来说，不能止步于此。2016年10月，习近平总书记在十八届中央政治局第三十六次集体学习时指出，各级领导干部要学网、懂网、用网，积极谋划、推动、引导互联网发展。由此看来，党员干部学懂弄通互联网规律，关键是要落实到引导我国互联网的发展上来。

本章将对我国互联网的发展进行全面的介绍，涉及我国互联网发展的基本条件，互联网如何深刻改变中国，展现我国互联网发展的特点，即互联网规律在我国的具体体现。我国政府积极为互联网筑牢根基，助推其发展，开展了互联网普遍服务、提速降费等重要工作，在利用互联网规律引导互联网发展方面进行了重要实践，有利于缩小数字鸿沟、更有效地赋能新发展。与此同时，我国互联网在快速发展的过程中也存在野蛮生长的问题，解决这个问题成为当今和未来加强监管的重要工作，也必然要求党员干部提高引导互联网发展的能力。放眼未来，互联网的发展不会停歇。当前，一些新领域已经崭露头角，互联网有着巨大的发展潜力和重要的战略意义，值得高度重视。

一、中国是互联网发展的热土

互联网发端于西方欧美国家，20世纪90年代中期美国就经历了互联网创新热潮。反观我国，在21世纪初才开始大规模普及互联网，较美国晚了不少时间。但中国互联网的发展成就举世瞩目，并且在某些方面实现了反超。我们总结认为，中国之所以成为互联网发展的热土，有几个特殊优势，包括人口红利、基础设施铺路、资本红利和后发优势。

（一）人口红利

人口红利是一个社会学、政治经济学名词，是指在一个国家的人口结构中，劳动年龄人口占总人口的比例较大，老年人口和少儿人口比例相对较小，劳动力资源相对丰富，从而为经济发展创造了有利的人口条件。不同的人口结构在互联网行业中所起的作用也不尽相同。老年人口和少儿人口参加互联网活动较少，相对而言，青壮年人口构成了互联网用户的主体。因此，只要善加利用，人口红利就可以成为"互联网人口红利"。在人口红利的作用下，互联网企业很容易以低成本获取用户，从而快速获得流量，形成盈利模式。

我国人口基数庞大，现有的互联网用户和手机用户数量也都十分庞大。截至2020年3月，我国网民规模达9.04亿人，手机网民用户规模达8.97亿人[1]。这样庞大的互联网人口数量是世界上很多发达国家都没有的先天优势。阿里巴巴、腾讯、百度等世界级互联网公司在我国的崛起与庞大的市场密不可分。

首先，我国庞大的人口基数保证了互联网行业有源源不断的"流量来源"。我国拥有大量、年轻的消费人群。我国电商的快速发展始于2005年。那一年，淘宝实现对雅虎日本的反超，成为亚洲最大的网络购物平台。《中华人民共和国2005年国民经济和社会发展统计公报》和《2005年全国1%人口抽样调查主要数据公报》显示，彼时中国有13亿人口，估计15～44岁的青壮年人口占比为48.1%。这一群体数量庞大且对数字化接受度高，适应互联网产品及服务的速度较快，为电子商务的普及创造了条件。2008年6月，我国互联网用户数开始超过美国，名列全球第一，并且这一优势一直保持至今。正如携程集团董事局主席梁建章所言，"在有13亿人的中国，很稀奇的创意产品，哪怕只有万分之一的人需要，也可形成13万人的市场"[27]。例如，4G网络正是因为有足够大的智能手机使用人群才得以推广普及，而且庞大的用户数量还摊薄了基站建设的个体成本，大大降低了4G网络的投资风险。

其次，我国的人口分布在部分地区比较密集。我国地域广博，但人口分布并不均衡，中东部地区人口较为密集。东部沿海地区的互联网普及率高，而中部地区人口基数大，形成了大量在密集空间聚集的网民群体。互联网人口"扎堆"为相关产业发展提供了得天独厚的条件。比如，我国广东省面积约18万平方千米，2018年常住人口超过1.13亿，人口密度约为627.8人每平方千米[28]；法国面积约为67.3万平方千米，2018年人口约为6699万，人口密度约为99.5人每平方千米。如果两者要实现相同程度的网络信号覆盖率，在广东，需要建的基站相对较少。

最后，人口红利还体现为人才红利。我国对数学等基础学科教育十分重视，社会和高校也对 IT 人才培养予以高度重视。互联网企业成为大量高校毕业生的就业首选，年轻化、高素质的人才队伍又进一步推动了互联网行业的技术进步和商业模式创新。同时，虽然互联网企业在我国支付的薪资维持在较高的水平，但从平均工资方面比较，我国 IT 工程师与欧美国家同行相比更"物美价廉"，这些大量的低成本人才有助于互联网企业加速推动创新和商业化。钛媒体曾对比中美互联网企业，发现在我国互联网企业中较为普遍的运营岗位，在美国却十分稀少，这是因为美国的人力成本十分高昂，无法通过堆砌人力来完成用户增长和用户维系方面的工作。

但我们也要看到，当前我国也面临着人口红利枯竭的严峻考验。随着我国互联网普及率逐年升至高位，用户规模的"天花板"已经隐现。同时，近年来的出生人口不及预期，劳动人口数量开始出现下降趋势。此外，2019 年互联网公司大量的程序员表达了对"996"工作制的不满，也凸显我国互联网行业过度依赖加班和劳动力投入，劳动密集型特征明显，很多工作相对低端，科技含量可能被高估。在这一背景下，如何进一步挖掘我国的人口红利，是互联网行业在发展过程中需要思考的问题。

（二）基础设施铺路

正如土地之于农业社会，资本与机器之于工业社会，互联网是信息社会最重要的生产要素，为信息社会提供了重要的基础设施。这些基础设施是推动互联网及其产业发展的物理基础，包括实现互联网应用所需要的硬件和软件系统的集合。电信运营商和宽带网络商的投资、电缆的设施、Wi-Fi热点的装置、云计算和物联网的新技术，各方面的技术和设备联合构成了信息技术的基础设施。国务院于2015年发布的《关于积极推进"互联网+"行动的指导意见》开篇即明确地将互联网视为基础设施，这体现了政府对互联网作为基础设施的高度重视，将其视为国民经济与社会发展的重要根基。

在互联网领域，我国在许多方面"逆袭"成为全球第一，其中一个主要原因就在于我国互联网基础设施打下的牢固"地基"。"十二五"以来，《中华人民共和国国民经济和社会发展第十二个五年规划纲要》《"宽带中国"战略及实施方案》《中华人民共和国国民经济和社会发展第十三个五年规划纲要》等重大国家战略规划都在宽带及移动互联网、云计算基础设施和新技术普及等方面提出建设目标，并承诺投入大量资源。如2015年发布的"十三五"规划（2016—2020年）提出"加快构建高速、移动、安全、泛在的新一代信息基础设施"，部署完善新一代高速光纤网络、构建先进泛在的无线宽带网、加快信息网络新技术开发应用、推进宽带网络提速降费、夯实互联网应用基础等。2016年，国家发展改革委、工业和信息化部发布《信息基础设施重大工程建设三年行动方案》，为发挥重大工程的引领带动作用，拟重点推进骨干网、城域网、固定宽带接入网、移动宽带接入网、国际通信网和应用基础设施建设项目92项，涉及总投资9022亿元。互联网基础设施不断完善，带动我国信息生产力不断提升，在此背景下，新的商业模式、平台经济、电子商务等不断涌现。

由国家牵头、高效执行的基础设施建设，既"扩广度"又"挖深度"。在"扩广度"方面，宽带网络已经覆盖城乡。"宽带中国"战略实施以来，各地积极部署全光网建设，加快 4G 发展，推动部署信息基础设施建设，高速畅通、覆盖城乡的宽带网络设施和服务体系基本建立。到 2016 年年底，我国已经建成全球规模最大的 4G 网络，全国地市基本建成光网城市；2019 年 6 月，我国发放 5G 商用牌照，5G 商用服务在一些城市启动，诸多国内厂商也纷纷推出了 5G 手机，我国在全球 5G 应用方面处于领先地位。在"挖深度"方面，网络覆盖向纵深推进。贫困地区及偏远地区的信息基础设施建设持续推进，补齐了农村互联网基础设施建设的短板，缩小了地区数字鸿沟，持续提升贫困地区及偏远山区的网络覆盖率和信息化水平。此外，网络覆盖向高速铁路、地铁等领域延伸，信息高速传送和接入能力不断提升。

（三）资本红利

不论是 BAT（百度、阿里巴巴和腾讯），还是今日头条、滴滴、美团大众点评，一家具有一定规模的互联网公司在其发展过程中肯定需要融资。我国的宏观经济环境及互联网本身的特性，决定了互联网行业必须借助资本的力量来实现快速发展。

融资为互联网公司的发展提供了良好的"土壤"。腾讯研究院和腾讯开放平台于 2016 年 9 月 22 日发布的《2016 互联网创新创业白皮书》显示，从创投规模看，我国已经成为仅次于美国的全球第二大创投聚集地，我国天使投资机构、创投机构总量接近3000家[29]。根据投中研究院发布的《2018中国VC/PE市场数据报告》，我国VC/PE（即风险投资／私募股权投资）市场的募集完成规模从2013年的747亿美元攀升至2015年的2799亿美元，2016年进一步提升为2877亿美元，2017年稍微下滑至2802亿美元[30]。而互联网行业无疑是创投最青睐的领域之一，这在我国CVC（Corporate Venture Capital，企业风险投资）方面有很明显的体现。清华大学国家金融研究院创业金融与经济增长研究中心等机构2019年1月21日发布的《2018中国CVC行业发展报告》显示，2008—2017年前三季度，中国CVC行业在互联网领域投资的案例占比为33.3%，投资金额为1258.41亿元，两项数据在各行业中均高居首位[31]。依托于投资市场充分供给的资本资源，互联网企业在营销、市场扩张方面可以"放开手脚"，这加快了互联网行业在我国发展的步伐。

互联网行业的高回报率使互联网成为投资热土。由于国内互联网有一段时期处于落后状态，在将发达国家验证过的一些成功模式引入我国后，业界对发展前景有良好预期，资本回报率高，回报周期短，因而资本青睐互联网行业。红杉资本中国基金自2005年9月成立以来，已经在我国投资了阿里巴巴、奇虎360、陌陌、今日头条、京东、新浪、唯品会、快手等一系列潜力及成长性俱佳的互联网企业。日本软银集团则在我国投资了阿里巴巴、网易、新浪、盛大网络、携程、当当网、PPTV 网络电视、人人网、好医生网站等企业。这些投资都获得了丰厚的回报。

（四）后发优势

美国经济史学家亚历山大·格申克龙在总结德国、意大利等国工业化发展的经验的基础上，于 1962 年提出了"后发优势"理论。我国学者结合我国实际，提出并阐述了"后发优势驱动假说"，这一假说认为，落后地区的学习成本大大低于创新成本，通过引进、模仿、学习，可以学到别人发展过程中的一些经验与教训，从而少走弯路、节省试错成本，具有后发优势。从这个角度说，我国互联网行业通过对技术和商业模式的引进，在发展速度上快于西方发达国家，也就不足为奇了。

如果将视野扩大到"前互联网时代"和"互联网时代"的融合上，再将我国与一些发达国家对比，可以发现，在金融业、服务业方面，我国在"前互联网时代"与发达国家存在着较大的差距。比如，发达国家 19 世纪末期就出现了现代零售体系，美国更是有着 150 多年的零售发展史，涌现出了沃尔玛、梅西百货等现代零售商店，以及围绕零售业建立起的支付、金融等系统，信用卡、POS 机广泛应用于消费者和商家。反观我国，我国零售业、金融支付等在"前互联网时代"起步晚、发展慢、运营效率低，无法充分满足消费者的需求。

对于发达国家来说，由于诸多产业在互联网出现之前就有了较好的发展基础，在"互联网时代"，互联网对一些行业的推动作用则相对有限。而我国在"前互联网时代"，金融、服务等行业的成熟度较低，无法满足市场需求；在"互联网时代"，互联网的出现解决了原有的产业痛点，产业的发展反过来又推动了互联网的进步。以我国的移动支付为例，当美国还是以信用卡消费为主时，我国的消费者反而快速接受了移动支付所带来的便利，绕过了信用卡消费阶段。支付服务提供商Worldpay在其发布的《2018年全球支付报告》中指出，2017年在中国的电商市场和实体店市场，移动钱包支付占比分别为65%和36%，相比之下，美国分别为20%和3%[32]。

二、互联网改变中国

当今中国，互联网改变了经济发展、个人生活乃至社会形态，数字经济和新的商业模式赋予了经济新动力，"互联网+"方便了日常生活，还催生了网络社会的新形态，这种改变也在呼唤政府治理的转变。

（一）互联网时代的经济变化

习近平总书记在2016年4月召开的网络安全和信息化工作座谈会上指出，我国经济发展进入新常态，新常态要有新动力，互联网在这方面可以大有作为。2015年，国务院发布《关于积极推进"互联网+"行动的指导意见》并在其中指出，"互联网+"是把互联网的创新成果与经济社会各领域深度融合，推动技术进步、效率提升和组织变革，提升实体经济创新力和生产力，形成更广泛的以互联网为基础设施和创新要素的经济社会发展新形态。

具体而言，互联网新业态已成为引领我国经济增长的重要力量。我国互联网经济发展近年来驶入快车道，成为撬动经济增长、发掘新经济增长点的重要"催化剂"，成为社会财富增长的新源泉和经济增长的新动力。中国信通院发布的《中国数字经济发展与就业白皮书（2019年）》显示，2018年我国数字经济规模达到31.3万亿元，名义增长20.9%，占GDP比重为34.8%[33]。

互联网有助于实现产业结构调整和升级。一个国家的经济增长率可以在短时间内得到提升，甚至出现飞跃式提升，但经济质量却不是一朝一夕能够改变的。但相较于传统产业，互联网能大大缩短这一改变的时间。在此前相当长的一段时期内，我国工农业效率低，金融业、服务业等相对落后，我国企业处于全球价值链的低端位置。从传统的全球产业视野来看，我国要实现工业经济的产业结构调整较为艰难，但通过发展互联网经济，以"互联网+"推动工业、农业、服务业的组织形态与生产方式发生变革，实现各行各业的智能化、自动化、智慧化改造，从而助力产业结构调整和升级已取得良好成效。如农业通过"互联网+"行动，实现了农业生产全过程与互联网技术的融合，农业电商平台的建立为农产品营销打造了新的场景，"智慧农业"为农业活动参与者提供了咨询服务与解决方案。传统制造业则通过"互联网+工业"

实现了数字化、智能化转型，个性化产品定制、网络营销也给制造业的生产和产品推广提供了新的方向。

互联网变革了服务业的模式。互联网打破了传统渠道商的垄断，让更多（原本受到渠道商排斥的）生产者直接进场交易，增加了长尾部分的交易量，降低了消费者和供给者之间的信息不对称程度，使他们直接通过网络完成交易，降低了交易成本，扩张了交易规模和类型。比如很多特色农业产品往往局限于本地，不为外地人所知，通过电商平台则可以卖到全国。再如网约车服务，直接在司机和乘客之间完成交易，使大量社会车辆和司机进入共享经济市场，盘活了空闲资源，丰富了出行选择。

互联网的发展能够促进新型就业。2019年4月，人力资源社会保障部、国家市场监督管理总局、国家统计局向社会发布了13个新职业信息，这些新职业多是由信息化的广泛应用衍生而来的，包括人工智能工程技术人员、物联网工程技术人员、大数据工程技术人员、云计算工程技术人员、数字化管理师、建筑信息模型技术员、电子竞技运营师、电子竞技员、物联网安装调试员、工业机器人系统操作员、工业机器人系统运维员等。据中国信通院发布的《中国数字经济发展与就业白皮书（2019年）》，我国数字经济吸纳就业能力显著提升，2018年我国数字经济领域就业人数达到1.91亿人，占当年总就业人数的24.6%，同比增长11.5%，在全国总就业人数同比下降0.07%的背景下"逆势而上"[33]。

互联网还推动了经济的整体节能降耗。信息作为互联网经济时代的重要生产要素，其无形的属性决定了互联网经济的物质资源消耗较小，也促进了经济的可持续发展。以电子商务为例，根据中国社会科学院中国循环经济和环境评估预测研究中心以及阿里研究院的测算，与传统商务相比，电子商务能够有效减少电、油等能耗，从而减少二氧化碳排放量。根据测算，2009年网络零售节约电能15.06亿千瓦·时，节约油耗34 415.49万升。2009年我国网络零售能耗相当于每亿元销售额减少了393吨标准煤的能耗[34]。互联网经济有助于实现清洁生产，降低物耗和能耗。对此，我国政府有着清醒的认识。2016年，国家发展改革委联合九部委发布《关于促进绿色消费的指导意见》，明确提出支持发展共享经济，鼓励个人闲置资源有效利用，有序发展网络预约拼车、自有车辆租赁、民宿出租、旧物交换利用等，创新监管方式，完善信用体系。

（二）互联网时代的众生相

目前，互联网在人们的生活中的渗透率越来越高，和人的关系也越来越密切，"互联网+"日渐成为一种生活方式，也创造了一种新的生活主体。

一是互联网改变了人们的消费方式。网上购物是最早进入人们日常生活的互联网领域。自1999年11月当当网正式开通，到2003年5月淘宝网正式诞生，我国网络零售逐渐走上高速发展的道路。网络零售供需市场不断扩大，其价格优势和便捷性吸引人们从线下购物逐渐转向线上购物。尤其是在支付宝等第三方支付平台的出现解决了商品交易中双方彼此信任的问题后，网络购物就迎来了井喷式的发展。每年的"双11"购物节，其销售额一次次破纪录。2019年，天猫"双11"成交额高达2684亿元，而2019年美国"黑五"[注12]的网络交易额仅74亿美元。根据商务部数据，2019年我国网络零售市场规模持续扩大，上半年全国网上零售额突破4.8万亿元。更为深刻的改变在于，一些消费者开始将电商平台作为优先关注对象，网络销售成为所有销售者不可放弃的前端——对很多消费者来说，商品搜不到即不存在。

二是互联网改变了人们的支付方式。 以往个人的金融业务大多通过银行柜台完成，支付主要靠现金和银行卡。移动支付将互联网技术与金融业务结合，解决了支付过程中的安全及便利问题。中国互联网络信息中心发布的第45次《中国互联网络发展状况统计报告》显示，截至2020年3月，我国网络支付的用户规模达7.68亿人，占网民整体的比例高达85.0%，网络支付应用也成为我国网民使用比例较高的应用之一，这也凸显出网络支付带给国人的便利。《2018年移动支付用户调研报告》显示，49.8%的被调查用户认为移动支付会和现金支付共存；23.9%的被调查用户认为移动支付会代替现金支付；仅有4.3%的被调查用户认为移动支付不会替代现金支付[35]。移动支付应用的不断发展是中国人对金融支付体系和互联网应用的重要贡献，支付宝、微信支付等应用已迈出国门，走向世界，助推了全球电子商务的发展。

三是互联网让人们的出行更便捷。互联网不具备交通工具的功能，但其通过对交通资源的重新分配，使民众可以更便捷地使用交通工具。人们远途出行的方式主要是火车和飞机，网上购票平台将购票渠道转移到网络上，极大地降低了买票和售票的时间成本和人力成本。如在2018年年底至2019年年初的春运期间，12306网站售票量占总售票量的84.1%，主渠道作用更加凸显[36]。城市出行方面，以滴滴为代表的网约车平台提供了一种新的出行方式，降低了出行的不确定性，增加了乘客的掌控感，在寒风中叫不到车、被出租车司机拒载或打到"黑车"被绕路等问题得以解决，给用户提供了更好的出行体验。"最后一公里"出行的问题一直困扰着人们。近几年出现的共享单车，扩大了公共交通可以到达的区域，极大地方便了出行。比达咨询发布的《2018年中国共享单车用户体验调查报告》显示，截至2018年7月，我国共享单车用户规模达9171.2万人[37]。

如上所述，互联网深度改造了消费者。当互联网成为各种生活的平台时，人们将根据互联网提供的数据做决策，网络平台也通过收集数据感知用户，建立基于社交的营销模式。消费者在互联网上恐怕很难区分节目和广告、熟人和推销员、社交和生意。口碑营销、"粉丝"经济、智能推送成为刺激消费的新方式，网民在获得更多的自主选择权的同时，也受到平台和"意见领袖"的影响：网络评论所体现的消费吸引力显得更为客观，"意见领袖"站台扩大了广告的宣传效应，平台推送降低了用户对广告的警觉，智能算法更可能猜透并打动用户的心。更进一步的是，互联网成为生活的一面镜子，人们通过凝视互联网来定义自身。在很多 App 的内置功能中，网民可以将自己与他人或某个标准进行对比：当你看到你的消费、运动、健康、阅读等数据，对比你与某些"标准"或"榜样"的差距后，可能会产生严重的焦虑，从而被推动采取行动，最终形成消费。你凝视的互联网并不是一面镜子，而是一块可以操纵的屏幕，一个资本塑造的景观社会。互联网在凝视你，同时还在改造你。

在更抽象的意义上，互联网塑造了新的行动者。互联网赋予了普通网民更大的能量，互联网提供了新的平台和机会，网民可以挣脱线下社会的一些束缚和限制，在网上开创自己的生意、成为"网红"、展现自己的才华、实现财务自由……应该说，互联网赋予了网民新的希望和激情，改变了社会的心态，无论你将其视为新时代的弄潮儿，还是喧嚣、浮躁、功利、投机的代名词，它都带来了新的主体性。网民希望通过自己的努力改变命运，付出超过常人的努力，不再只追求稳定工作，而是追逐最新的风口和机会，这与改革开放初期的情况颇为相似。近年来兴起的"大众创业、万众创新"浪潮与这种心态不无关系，它给我国的发展带来了一股活力。与此同时，原有的精英人士、专业人士、组织机构也争相开辟互联网阵地，重新塑造自己的形象，试图将原有的线下资源转为线上流量，绘制自己的网络版图。

（三）互联网时代的社会形态

互联网作为一项新的信息通信技术，塑造了一个新的社会形态，正深刻改变着我们的社会，促使或迫使我们必须对此做出相应的改变。

一是互联网改变了人们认知的范围。 互联网使社会成员得以自由地建立联系，看到更大的世界。人们在互联网上更容易找到同类，并形成相对封闭的陌生人小圈子，同质化信息逐渐强化意见，从而形成"信息茧房"。很多网络社群都形成了自身的认同，进而形成了很多封闭的小圈子。比如支持还是反对转基因、如何看待性别不平等，诸如此类，产生了大量争论记录和"理论依据"，圈子里的网民越看越觉得自己有道理，很容易认为站在其对立面的网民"非蠢即坏"。同时，互联网也可以让人的认知突破自身在社会结构中的位置，有很强的破壁效应。近年来快手、抖音的兴起引发了不少争论，一些视频和播客在网上走红的同时，引来另一群网民的不屑和鄙视。大多数情况下，人们通过互联网更容易关注远离自身的他人，与之建立认知和情感的联结，为他们鼓掌、捐助、声援乃至一起行动。互联网到底是强化乃至极化原有的狭隘观念，还是提供开放的视野并塑造包容的心态，并没有确定的答案，或许兼而有之。

二是互联网改变了人们社会交往的形态。 近些年以微博、微信等为代表的新应用迅速兴起，通过这些应用，不同群体中的成员都可以方便地了解社会中其他人的日常生活、关注的问题，并表达自身的想法，在既有的传统社会网络外，自主重新结成（或在网上复制）社会联系。这其中有微博广场式的传播、"意见领袖"和"粉丝"的社群、基于身份和兴趣的圈层、网络上的朋友圈等，开放与封闭共生，人人平等与"鄙视链"注13并存。互联网改变了中国人交往与互动的模式，网民得以通过互联网达成合作、共同行动。例如，电影《大鱼海棠》来源于早前的Flash动画，电影的制作团队尝试发起众筹，在情怀和兴趣的驱使下，网民的热情不断升温，累计为制作团队筹资3000万元。再如2014年兴起的"冰桶挑战"，传播范围广、持续时间长，一度成为现象级的网络传播事件，在网络"大V"的积极参与下，带动了全社会关注肌萎缩侧索硬化（渐冻人，ALS）。

三是互联网为中国人创造了新的利益表达方式。近些年，网络舆论事件和网络群体性事件不时引发社会风波和民众关注。网络传播具有快捷性、交互性、即时性、自由性、平等性、超文本性、个性化等特点，由此网络正逐渐成为当今民意表达的重要场所。在众多网络事件中，网民正是通过论坛、社区、博客、微博等网络平台，踊跃表达自己的思想观点，形成了若干舆情"海啸"，在一定程度上对一些公共事件的解决、公共政策的制定起到积极的推动作用，但有时也会造成不良的冲击。

四是互联网改变了中国人的文化表达方式。PC时代，大量活跃的论坛催生了第一代互联网语境和文化，天涯、猫扑等成为互联网流量和文化的聚集地。移动互联网时代，微博、微信等应用的出现,使文化、思想的碰撞、汇聚和交流更为频繁。在网络文学的蓬勃发展之外,互联网显著降低了从事图片、音频、视频创作的门槛,网站、自媒体、网民开始大量创作各类文艺作品,一些网络原创歌曲、视频不断走红,《我的滑板鞋》等网络"神曲"风靡一时,《白夜追凶》等网络剧吸引了无数观众,快手、抖音上的短视频则开创了更新的文化表达方式。网络文化催生了很多基于兴趣聚在一起的网络亚文化群体,形成了基于代际、次元的一系列文化表达方式,对于这些表达方式,"圈子"外的人往往无法理解,形成刻板印象;同时也会固化特定的价值取向,与主流相区隔。如以"废柴""葛优躺"等为符号和标签的"丧文化""宅文化",借助图片、段子、表情包等在网上广泛流传,表现出某些人在社会压力下颓废、悲观、绝望等的精神状态,与主流的价值观相违背。人们往往将网络文化视为"拒绝主流""边缘化""负能量"的,但这其实是一种偏见。很多网民创造的亚文化具有明显的正能量,传播效果超过了主流媒体。比如漫画《那年那兔那些事儿》采用接地气的方式呈现了"种花家(中国)"现代史,赞美了"兔子(中国人)"的奋斗,歌曲《追梦赤子心》联系起持续百年的"中国梦",对青少年国家认同的塑造影响不小。在更深层的意义上,网络将成为文化产业的重要阵地,可以成为主流而非边缘阵地。

(四)互联网时代的政府治理转变

毫无疑问,互联网对传统社会的改变给政府治理提出了新要求，带来了新挑战，但同样提供了新机遇。政府部门应当认识到，互联网时代的政务服务应当加快与互联网的深度融合，促进政府治理创新。而我们也观察到，在各级政府的公共服务改革中，"互联网＋政府服务"是提到最多的改革理念，这其中涌现出的一系列创新实践，形成一大批特色品牌，如"浙里办"（浙江）、粤省事（广东）、随申办（上海）、津心办（天津）、冀时办（河北）、皖事通（安徽）、办事通（云南）、天府通（四川）、新湘事成（湖南）等。上述理念的转变和实践的成果对于落实党的十九大报告中提出的"建设人民满意的服务型政府"意义重大。

一是互联网推动政府自我变革。互联网时代，社会生活、社会需求、社会事务呈现出多元化、多样化、动态化、联动化等特点，政府传统的治理行为已经难以适应这些特点。早在2014年，联合国经济和社会事务部与国家行政学院发布的《2014联合国电子政务调查报告（中文版）》就指出了建立电子政务平台的迫切性：政府各部门独立办事的公共行政管理模式已经无法应对当前发展的挑战和满足公众的需求，而开放、共享、去中介化的互联网技术，应当成为加强协同治理、构建整体政府的重要手段[38]。"互联网＋政务服务"从技术、思维、资源等方面引入互联网模式，使社会公众与政务服务之间实现互动，推动政府随着社会大环境的变化做出相应调整，并通过互联网来提升执政能力和服务水平。

二是互联网有助于政府解决公共服务的难点和堵点。截至2018年10月底，我国已联通了全国政务服务一张网，建成了全国一体化的数据共享交换平台，群众反应强烈的100项堵点问题，超过70%已得到有效纾解[39]。相关业务数据还与"互联网+政务服务"数据中心实现互联互通，共享给相关部门，协助办理业务。比如，市民只需跑一次现场，窗口受理后，即可完成全部的申请手续，办理不动产登记的时间将从41个自然日缩短至5个工作日。群众的身边事更能说明这一点。根据新华每日电讯的报道，长春市二道区通过远程医疗会诊平台对区属医院进行全域联网，社区（村）医生、区医院专家共同在线会诊，做到了社区居民"足不出户"、农民小病不出村；开发使用了家庭医生签约服务手机App，过去需要到大医院排队问诊的小问题、小毛病，变成了现在线上随时可以得到回答的小常识、小知识。

三是互联网有助于提高公共服务的效率。政府部门利用网络工具，可建设统一的数据共享交换平台和政务处理平台，通过业务重组、流程再造等手段提升政府治理的效率，依托数字信息技术进行决策、管理，提供更好的服务。2017年8月18日，我国第一个互联网法院——杭州互联网法院挂牌运行。该法院的智能立案系统、电子签章系统、电子卷宗随案生成系统、智能推送系统、金融快审系统让网上审理"跑通跑顺跑得快"。据称，该法院涉网案件开庭平均用时仅28分钟，一起案件从起诉到结案平均仅20天，这其中还包括了15天的举证期限。该院工作人员接受媒体采访时表示，"我们50人一年办了1.5万件案件，而以往，我们办1.5万件案件需要200位法官"[40]。

三、推进互联网普遍服务

数字鸿沟问题在全球范围内广泛存在，也影响着我国发展的质量。我国推出电信普遍服务试点工程，加大了对其投入的资金和政策的倾斜力度，积极探索长效机制，推动了基础设施建设，互联网普遍服务能力不断得到提升。

（一）数字鸿沟问题明显

数字鸿沟是指在全球数字化进程中，不同区域、行业、群体之间，由对网络数字技术的研发、使用、普及程度及创新能力的差别而造成的信息技术使用能力的差别，以及由此引发的贫富两极分化的趋势。数字鸿沟是当代信息技术领域差距的具体体现。数字鸿沟现象存在于不同国家、不同区域、不同行业和企业以及不同社会阶层与群体之间，已经渗透到人们的经济、政治和社会生活当中，成为信息时代日益凸显的经济和社会问题[41]。

数字鸿沟是世界性问题。发达国家与发展中国家之间的数字鸿沟令人咋舌。联合国《2017年宽带状况》报告显示，尽管全世界互联网用户数量已近全球人口的一半，但还有39亿人与数字世界无缘，且发达国家与发展中国家之间的数字鸿沟仍在扩大。发展中国家的互联网普及率从2016年年底的39%上升到2017年年底的41.3%，而发达国家的互联网普及率已高达81%，两者之间的差距显而易见。联合国宽带委员会发布的《2016年宽带状况》报告显示，与欧美发达国家相比，拉美地区的网络连接速度较慢，网速高于 15 Mbit/s 的用户数量占比低于 5%，而这一数字在发达国家已达到 50% 以上；在拉美地区，城市和农村的互联网接入量相差悬殊，城市网络覆盖率较农村平均高出 41 个百分点。从各区域来看，全球未接入互联网的人口约有 62% 生活在亚太地区，其次是非洲，约有 17.8%。

发达国家内部的数字鸿沟现象也十分严重。根据白宫网站的相关数据，截至 2016 年，在美国，尽管有超过 98% 的网络用户享受到了高速、便捷的网络服务，但仍然有 1/4 的家庭没有接入互联网。在年收入为 14 万美元及以上的中高等收入家庭中，网络拥有率为 80%~90%；而年收入在 2 万美元左右的低收入家庭中，网络拥有率仅为 20% 左右。在已接入网络的家庭中，超过 600 万的美国民众因缺乏网络应用技能，难以恰当而高效地通过网络来获得信息资源与相关服务[42]。英国下议院科技委员会 2016 年发布的《数字鸿沟危机》报告显示，580 万英国人从不使用互联网，超过 1260 万的英国成年人缺乏基本的数字技能，数字鸿沟每年给英国造成的经济损失高达 630 亿英镑。

我国同样面临数字鸿沟问题。我国城乡之间的数字鸿沟较大，城镇互联网渗透率和网民规模明显大于农村。第 45 次《中国互联网络发展状况统计报告》显示，截至 2020 年 3 月，我国城镇地区的互联网普及率为 76.5%，农村地区的互联网普及率为 46.2%，互联网在城镇地区的渗透率明显高于农村地区。截至 2020 年 3 月，我国农村的网民规模为 2.55 亿人，占网民整体的28.2%;城镇的网民规模为6.49亿人,占比达71.8%[1]。

不同年龄的网民间也存在数字鸿沟。我国老年人中的网民比例偏低。第45次《中国互联网络发展状况统计报告》显示,截至2020年3月,我国网民以青少年、青年和中年群体为主,10~39岁群体占网民总数的61.6%,60岁及以上群体占比为6.7%[1]。根据国家统计局2020年的数据,截至2019年年底,我国60岁以上人口占比为18.1%,远高于老年网民在全国网民中的占比(6.7%),可见该群体中网民的比例明显偏低。

我国还存在为数不少的非网民。根据第45次《中国互联网络发展状况统计报告》,截至2020年3月,我国非网民规模为4.96亿人,其中城镇地区非网民占比为40.2%,农村地区非网民占比为59.8%。使用技能缺乏、文化程度限制和年龄因素是非网民不上网的主要原因。不懂计算机/网络技能和不懂拼音等文化程度限制导致不上网的非网民占比分别为51.6%和19.5%,因为没有计算机等上网设备而不上网的非网民比例为13.4%,因为年龄太大/太小而不上网的为14%,因为无需求/不感兴趣、缺乏上网时间等原因而不上网的非网民占比均低于10%[1]。

东西部区域间的数字化发展差距较大。2018年腾讯研究院发布的报告显示,我国数字化发展水平不均衡程度较高。"互联网+"指数最高的前三个城市为深圳、广州和北京,排名最靠前的省(区、市)为广东、江苏、浙江、北京,高度集中在东部沿海及一线城市中。中国信通院发布的《中国数字经济发展与就业白皮书（2019年）》显示，2018年我国数字经济规模达到31.3万亿元，名义增长20.9%，广东省规模最大，超过4万亿元，大部分省市数字经济规模均介于1000亿元和10 000亿元之间，倒数的个别省份规模介于600亿元和900亿元之间，最大与最小的规模相差40多倍[34]。

比起技术上的数字鸿沟，城乡观念上的数字鸿沟更难消除[43]。弱势群体或基层民众被动地遭遇"消极数字消费"。当前智能手机上的应用软件的目标客户群体日益精准化，部分软件瞄准一二线城市的中产精英群体，例如豆瓣、知乎和得到等，部分软件如快手、抖音和拼多多等，则以三四线城市的青年为主要的使用群体。目前，智能手机应用软件纷纷引入机器学习等算法，利用算法推荐功能过滤信息，为不同群体推送其感兴趣的内容，这种信息的过滤在一定程度上造成了"信息茧房"的形成，造成用户的兴趣面日益窄化[44]。长期沉浸在不同"信息茧房"中的群体彼此数字素养的差距在"消极数字消费"中逐步拉大。

部分数字消费可能会对数字鸿沟两侧的弱势一方造成较大危害。不少农村地区的青少年和留守儿童群体由于缺乏管束、课外生活单调等原因，沉迷于用手机刷快手、抖音找乐子，"打农药（王者荣耀）""吃鸡（网络游戏用词）"寻刺激，看直播、刷礼物图新鲜，进而引发近视高发、身体变差、精神颓丧、孤独自闭、价值观混乱等多重问题[45]。根据中国互联网络信息中心2016年发布的《2015年中国青少年上网行为研究报告》，截至 2015 年 12 月，我国农村青少年网民规模已达 7930 万人，玩网游、追剧、聊天等成为农村留守儿童使用手机的主要活动。2018 年教育部人文社会科学研究项目成果之一的《青少年成瘾行为调研报告》显示，在玩手机网络游戏的时间方面，留守儿童高于非留守儿童，在"每天玩 4~5 小时"以及"每天玩 6 小时以上"这两个时间段，留守儿童与非留守儿童的比例分别是 18.8% vs 8.8% 和 18.8% vs 8.2%。学生群体中甚至出现"吃鸡"才有朋友、"农药"才是话题等不良现象。部分严重沉迷于游戏的农村青少年深受虚拟世界中狭隘、偏激和暴力倾向的影响，对学习彻底失去兴趣而辍学、退学，甚至走向自我放弃、违法犯罪的人生道路。在推进互联网资源的"向下沉淀"、保障农村青少年对互联网的"物理接入"的同时，更要着力提升农村青少年的"互联网素养"。

在看到数字鸿沟的同时，也应该看到党和政府缩小数字鸿沟的努力，实际上我国的数字鸿沟正在缩小。2002 年 5 月 17 日，时任福建省委副书记、省长的习近平在《福建日报》发表署名文章《缩小数字鸿沟，服务经济建设》指出，帮助山区致富，必须缩小山区与沿海地区在获取信息方面的差异。要解决这一问题，就要加快电信普遍服务的进程，努力创造条件，为山区提供更多的有价值的信息[46]。近十余年来，随着国家实施电信"村村通"工程，以及近五年来实施的电信普遍服务试点工程，我国农村信息通信的基础设施建设呈现跨越式发展，推动农村信息化迈入新时代，城乡之间的数字鸿沟明显缩小[47]。"村村通"工程、电信普遍服务试点工程的重要成果正加快转化为农业发展、农村增收、农民致富的手段和能力，为传统农业生产和农村管理带来了全新的变革，受到地方政府和广大农民的热烈欢迎。

（二）公共服务作为宗旨

"普遍服务"属于政府公共政策目标的范畴，指国家为了维护全体公民的基本权益，缩小贫富差距，共享发展资源，通过制定法律和政策，使全体公民无论收入高低，无论从事何种职业，无论居住在本国的何处，包括贫困边远山区、农村地区或其他高生活成本地区等，都能以大众普遍可接受的价格，获得能够满足基本生存需求和生活发展的某种服务[48]。就互联网方面而言，互联网普遍服务是指，任何人在任何地点都能以承担得起的价格享受互联网承载的业务，传达了普遍、平等、可支付这3个方面的基本含义，这被看作政府对公民应尽的责任，有助于消除通信领域的贫富不均和地区差异，实现经济社会的均衡发展，具有准公共服务的性质[49]。

互联网普遍服务有助于重新分配国民财富，体现对特殊人群的关怀。互联网普遍服务的主要对象是不发达地区的人群，如边远地区、山区、农村贫困地区等高生活成本地区的人群，以及低收入人群、失业人员、残疾人等特殊人群，他们需要以合理、支付得起的价格享受电话和互联网服务。而在企业商业逻辑和对利润的追求的驱动下，电信运营商没有内在的动力为这些地区和人群提供价格低廉的网络通信服务[50]。可以将国家主导的互联网普遍服务看成一种特殊的再分配方式,即通过再分配价格影响国民财富再分配的工具,帮助社会弱势群体获得一定程度的救助。

互联网普遍服务能降低市场运行的交易成本。互联网服务利用信息流实现对货物流、人流、资金流的代替,能大幅降低社会流通和交易的成本,有效提高经济社会的运行效率,促进交易成本的持续降低。对于社会公众而言,消费者可以通过互联网服务,从更广泛的范围内发现和获取大量有用的信息。例如,在劳动力市场,失业者通过网络了解就业信息,从而获得工作机会;残疾人可以通过网络获取所需的信息,方便自己的生活和发展。对于机构消费者而言,互联网服务使经济活动更有效率。比如,在工作场所,电话、传真和互联网成为必备的办公工具,可以降低交易成本,特别是电子商务的出现和发展,使大量的交易活动只需借助网络就可开展,大大节约了交易成本,提高了效率。

不过,纵观全球范围内的互联网普遍服务大国,在通信网络和互联网建设方面无一例外都遭遇了铺网难度大、网络覆盖不足、网速不快等问题。如2012年4月,美国推出了聚焦宽带问题的"连接美国基金",旨在于2020年前让所有美国人都能享受到高速互联网接入服务。但近年来,美国城镇地区数百万用户投诉获得数亿美元政府补贴的维珍、AT&T等通信运营商,认为其不积极升级网络,导致用户仍在使用严重落后的DSL(Digital Subscriber Line,数字用户线)宽带,通信网络因缺乏基本的维护而故障频发,民众被隔离在光网之外，甚至连基本的铜线网络服务也无法保证[51]。美国联邦通信委员会发布的《2018年宽带部署报告》显示，超过2400万美国人仍然无法使用网速为25 Mbit/s的固定宽带互联网，其中1900多万人生活在偏远社区。而微软随后发布的研究表明，美国有1.628亿人无法使用25 Mbit/s的固定宽带互联网[52]。在地广人稀的澳大利亚、俄罗斯等国家，由于偏远高原或山区地广人稀、互联网用户少、施工难度大，运营商收回成本通常非常缓慢甚至根本收不回，这些地区的网络覆盖成为互联网普遍服务的"顽疾"之一[53]。进入宽带时代，互联网普遍服务的缺乏无疑让这些区域的民众无缘信息时代的红利。

令人欣喜的是，近年来，我国政府高度重视互联网普遍服务，持续完善顶层设计，探索建立互联网普遍服务的长效机制，加强互联网基础设施建设，大力推行电信普遍服务试点工程，缩小城乡互联网基础设施和数字经济差距，提升各区域尤其是农村区域的信息化发展水平，增强人民在共享互联网发展成果方面的获得感。政府、企业、资本和法律制度多管齐下，我国城乡互联网基础设施建设效果显著。根据中国互联网络信息中心历年发布的《中国互联网络发展状况统计报告》，中国互联网普及率从2008年年底的22.6%一路攀升至2020年的60%以上。2017年网上热传文章《在地铁里看什么书，乖乖玩手机不好吗？》对比了国内外城乡4G信号，发现我国4G覆盖率及网速远高于欧美发达国家。工业和信息化部的相关数据显示，截至2019年年底，我国行政村通光纤和行政村4G网络通达比例均超过98%，贫困村通宽带比例超过99%，提前完成了国家"十三五"规划目标，我国已成为名副其实的互联网普遍服务强国。

（三）基础设施作为起点

对于电信和互联网基础设施建设的重要性，习近平总书记多次作出深刻论述。在2014年2月召开的中央网络安全和信息化领导小组第一次会议上，习近平总书记指出，"要有良好的信息基础设施，形成实力雄厚的信息经济"。在2015年12月第二届世界互联网大会开幕式上，他指出，网络的本质在于互联，信息的价值在于互通。只有加强信息基础设施建设，铺就信息畅通之路，才能让信息资源充分涌流。在2016年4月召开的网络安全和信息化工作座谈会上，习近平总书记强调，"要适应人民期待和需求，加快信息化服务普及，降低应用成本，为老百姓提供用得上、用得起、用得好的信息服务,让亿万人民在共享互联网发展成果上有更多获得感"。2016年10月在主持十八届中央政治局第三十六次集体学习时，习近平总书记对网络强国建设提出了六个"加快"的要求，还提出"加强信息基础设施建设，推动互联网和实体经济深度融合，加快传统产业数字化、智能化，做大做强数字经济，拓展经济发展新空间"等内容，对指导我国互联网基础设施的建设具有重要意义。

"要致富，先修路"，网络基础设施就是当今信息时代的"高速公路"。2015年发布的"十三五"规划建议提出，要实施网络强国战略，加快构建高速、移动、安全、泛在的新一代信息基础设施。党中央和国务院从推动农村宽带普及、帮助偏远地区居民填补数据鸿沟、缩小城乡差距的角度出发，高度重视和加快推进农村宽带网络等基础设施建设。2016—2019年的中央一号文件连续提出，大力推进"互联网+"现代农业，推进农村电商发展，全面实施信息进村入户工程。2018年中央一号文件则明确要求加快农村地区宽带网络和第四代移动通信网络覆盖步伐，推动城乡基础设施互联互通。2019年5月，中共中央办公厅、国务院办公厅印发《数字乡村发展战略纲要》，要求加强顶层设计和整体规划，着力弥合城乡"数字鸿沟"，推动数字乡村建设发展，形成乡村振兴新动能。财政部、工业和信息化部、国家发展改革委等自2015年起，持续组织开展电信普遍服务试点工作，推动农村及偏远地区宽带建设发展，促进城乡基本公共服务均等化，带动农村经济社会和信息化水平不断提升。

一是分阶段完成普遍服务试点工作。2015年以来，相关部委不断推出电信普遍服务的"升级版"方案，持续推进电信普遍服务试点工作取得进展。2016年，工业和信息化部以及财政部分两批选定山西、江苏、黑龙江、重庆、贵州、甘肃等首批电信普遍服务试点省（区、市）的186个地级市作为当年电信普遍服务试点城市。2017年，工业和信息化部确定张家口市等140个地级市作为2017年度电信普遍服务试点地级市。2018年，工业和信息化部批复确定123个地级市开展电信普遍服务试点工作，实施行政村4G基站建设，满足1.2万个行政村4G网络覆盖需求，支持23个地级市实施边疆4G

基站建设，支持海南省三沙市实施海岛4G基站建设。近年来，电信普遍服务试点工作成效凸显，截至2018年，实现13万个行政村通光纤，平均接入速率达到65 Mbit/s，超过了城市的平均水平，22个省、市、自治区已经实现90%以上贫困村通宽带的基本目标，进一步弥补了农村和偏远地区互联网普遍服务的短板。

二是加大中央财政资金补助。为保障电信普遍服务试点工作顺利推进，财政部、工业和信息化部等印发《电信普遍服务补助资金管理试点办法》等文件，保障资金投入，允许民间资本进入基础电信领域竞争性业务，为电信普遍服务提供了良好的政策环境。2016年，中央财政补助资金一次性下达到省（区、市），具体补助规模以工业和信息化部、财政部认定的分区域电信普遍服务投入成本为基数，东部、中部、西部各省（直辖市）以及各自治区分别按其基数的15%、20%、30%、35%核定，其中（6省中标企业总投资超过20亿元，中央财政和企业投资超过300亿元）。前三批试点区域中央财政资金带动基础电信企业及民营资本投资累计投入超过400亿元，有效地缓解了试点工程中标企业的资金压力，极大地提升了我国农村及偏远地区的宽带网络覆盖水平。

三是加强政府监管和民众监督，确保试点工程质量。试点工程开展以来，各地严格遵守"地市申报、各省预审、专家综合评审"的程序，确定参与试点的城市名单。建立健全竣工检测验收和监督检查等工作机制，推动试点地区落实承诺的支持政策，促进中标企业按照政府采购合同履约尽责，确保试点工作取得实效；建立试点工作公示机制，及时向社会通报工作进展，主动接受社会公众监督，取得了良好效果。

电信普遍服务试点工程给偏远地区带来了更好的信息服务。据媒体报道，2015年年底，四川省北川县安昌镇大山深处的双福村通了光纤宽带，村里268户村民基本都办理了宽带业务，政府补贴46%的费用。湖北省电信普遍服务第一、二批试点地区工程于2018年竣工后，襄阳、宜昌、荆州等11个地区的7837个行政村（含1613个贫困村）正式成为"百兆宽带乡村"，村民宽带网速上限从20 Mbit/s提升至100 Mbit/s。截至2018年3月，江西省已实现了100%行政村通宽带，100%行政村4G信号全覆盖，宽带费用下降了30%，手机流量费用下降70%，群众得到了实实在在的实惠。

看到成绩的同时，我们也要看到电信普遍服务试点工程面临的困难。过去十几年，农村在互联网基础设施建设层面上比较成功，但在网络的具体使用和网络对农村经济社会的影响层面上仍需提升。在试点工程的推进过程中，由于只关注硬件建设和技术下沉，很大程度上忽略了互联网的用户——农民，因此在信息质量、信息服务质量以及更高层面的互联网应用方面遇到了困境。在一些交通不便、深度贫困的行政村，虽然网络通达了，但由于对网络的需求不足或没有人会操作使用，资源被闲置了。在个别偏远的行政村，仅有两三个宽带用户，甚至还有无宽带用户的现象。部分地区的农村拥有上级政府出资建设的信息服务站，但往往是在一间房子里摆放几台、十几台数量不等的旧计算机，多数计算机维护不当且使用率不高，有的计算机设备甚至无法正常运行。这样的试点工程削弱了电子商务、电子政务、远程医疗、远程教育等典型应用的普及，影响了互联网助力扶贫作用的发挥，制约了互联网普遍服务功能的最大化。

偏远地区的互联网基础设施建设仍存在短板。我国在宽带基础设施建设及网速提升方面取得了巨大进步，但在互联网普遍服务方面仍需继续努力，部分农村及偏远地区的宽带网、光纤网的有效覆盖率仍然落后于城市地区。这些地区经济基础薄弱，地理环境复杂，人口居住分散，有的地方的村庄交通不便，宽带建设和运营维护成本高、收益低，施工难度大，企业投资动力不足，存在市场失灵问题。根据前三批电信普遍服务试点项目初步测算，一个行政村平均宽带建设成本为70万～80万元，其中，在东部村落相对集中的地区，用20万～30万元就可以实现光缆到村，而在西部农牧区，建设成本则要高很多。比如，中国电信四川公司阿坝州分公司联合另两家运营商为地处四川、青海交界处的阿坝县求吉玛乡通宽带，仅铺设线路就花了约180万元。

当前互联网的普遍服务试点项目大都位于偏远落后区域，投资回报率低，企业参与积极性不高，项目后期运营工作存在困难。业内人士指出，在东部地区，FTTH（Fiber To The Home，光纤到户）的投资回收期一般是5年左右，中西部地区的投资回收期则将延长到10年甚至更久，在云南、贵州等地的偏远山区，可能100年也无法收回投资成本，向这些地区投资，运营商就面临着巨大的亏损风险。对此，我国迫切需要建立新的普遍服务成本补偿机制，如设立普遍服务基金制度，要求电信市场参与者，包括基础电信运营商、融合后的广电运营商，以及增值电信业务经营者，都要按照其每年获得利润的一定比例缴纳普遍服务基金，以此为普遍服务的开展筹集资金，弥补承担普遍服务义务的运营商的亏损，推动普遍服务长效机制的建设[54]。

（四）长效机制作为保障

我国互联网普遍服务是一项长期工程，受到各种内外因素的共同影响，诸如国家政策、用户观念、信息化水平、资金配备、企业意愿等。当基础设施建设就位，就需要建立长效机制，引导各级地方政府、各个偏远地区及农村基层行政单位，用心去维护设备和应用相关服务，以期让效能最大化。

一是鼓励多方参与，增加建设的力量。 北京邮电大学经济管理学院教授夏俊认为，工业和信息化部等主管部门所倡导的电信普遍服务市场化目前采用的"公私合营、携手推进"模式效果良好，这种模式可以通过某种参与性机制将项目实施的风险降到最低，使基层利益攸关方（基层政府、当地民营企业或较大的民营电信企业等）参与其中，形成行业与地方政府部门携手、国企与民企共推的良好局面。该模式调动了地方政府和基层政府的积极性，为互联网基础设施建设打下了良好基础。中国国际经济交流中心高级经济师张影强建议，国家应主导国家一体化大数据中心的规划和顶层设计，充分调动社会主体参与的积极性，尤其要和具有大数据开发和应用能力的企业共同投资建设。

二是补偿机制仍待完善。中国信息通信研究院的专家认为，我国城市实施普遍服务的难点主要是建设环境的问题，农村的难点则是企业投入大、产出低的问题。随着互联网普遍服务的深入推进，互联网基础设施建设补偿范围将不断扩大、补偿对象将不断增加、补偿资金融资的方式将更加市场化、补偿模式将更加多元化、补偿资金需求将越来越大，相关技术解决方案和商业模式将越来越需要具有可操作性和可持续性。

三是提升试点项目的吸引力。互联网基础设施建设试点项目招标兼具政府公益性质，利润低、吸引力弱。夏俊教授称，为了吸引符合资质的企业参加竞标，招标建设项目在招标过程和实施过程中要体现其确定性，确保企业投资活动结果的可预期性，吸引有实力、有意愿的企业参与其中，共同推进互联网普遍服务的开展。

在建设好互联网的同时，也要使用好互联网，才能真正缩小数字鸿沟。根据相关媒体和专家的意见，应加大相关人群的知识技能培训，提供符合他们需求的技术创新和应用创新成果。

一是培育农户学网用网的积极性。政府可以通过电视、讲座、手机等方式大力宣传互联网经济效益，让农户意识到利用互联网有机衔接现代农业的商机，促进小农户观念意识的转变。同时，可组织农户积极参加培训，让其了解、学习现代农业的运转模式和农业机械的操作方法，逐步从传统的小农户过渡到新农户。引导农户在农村内部构建农户间的合作交流平台，挖掘一批具有互联网创新创业意识的创业者，大力宣传其成功事迹和创业经验，让农户感受到互联网带来的经济效益，提升农户学网用网的积极性。

二是加大互联网应用知识的技能培训。有专家建议，农村地区应正视现状，尽快发展互联网应用知识的远程教育及各类成人教育、终身教育，或以购买公共服务的形式，引进一批既懂农业又懂技术的热爱农业的互联网专业技术人才，针对农户开办一些基本的科普知识讲座，以培养一大批能够适应农村信息化、现代化建设的人才[55]。此外，还要加大互联网无障碍终端和服务供给力度，建立县、乡技术服务和培训机构（或中心），对IT基础教育、专门人才培养等提供支持，不断提升电商人才在农村的数量和质量，培养一批有文化、懂技术、会管理、善经营的复合型创新人才。

三是提升互联网服务的针对性。有专家指出，一些政府部门直接照搬照抄地把政府网站植入智能手机，用户界面和使用体验不友好，以至于难以吸引用户的关注。政府和业界应着眼于农村地区智能手机的普及状况，以及智能手机屏幕小、存储空间小、用户界面复杂和不适合传输大文件等特点，推出适合智能手机应用的信息服务[56]。业内专家建议，应加强针对农村和偏远地区的本土化创新，打造便捷的农村电商等信息化服务和网络应用，鼓励开发普通农民容易理解的信息及多种方言的信息，以简易的操作、方便的使用和丰富的内容吸引更多农村地区的人群使用互联网。

四、提速降费改革

为促进数字经济的发展,我国政府要求基础电信运营商持续提升网速、持续降低相关资费,给企业和民众以"看得见、摸得着"的获得感。相关举措取得了良好效果,但还有进一步提升的空间。

(一)提速降费助推新经济发展

2015年4月14日,李克强总理在当年一季度经济形势座谈会上感叹移动互联网数据"流量费太高了",引发各界有关互联网速度和流量资费的热议。同年5月13日,李克强总理在主持召开国务院常务会议时明确提出提速降费改革的五大举措:鼓励电信企业尽快发布提速降费方案计划,推出流量不清零、流量转赠等服务;推进光纤到户和宽带乡村工程,支持互联网国际出入口带宽扩容;推进电信市场开放和公平竞争,年内宽带接入业务开放试点企业增加到100家以上;完善电信普遍服务,加快农村等基础薄弱区域宽带设施升级改造;加强宽带接入服务和资费监管,保护消费者权益。同年5月20日,《国务院办公厅关于加快高速宽带网络建设推进网络提速降费的指导意见》下发,我国电信运营商提速降费改革全面铺开。

在过去几年中,李克强总理在不同场合反复督促要提网速降网费,强调提速降费对国民经济社会发展全局有着难以估量的作用。把提速降费的基础打牢,"这项工作不仅仅是给老百姓'送红包',更对国民经济转型升级意义重大"。人类已经进入互联网时代,互联网不仅改变了人民群众的生活方式,也直接影响着我国整体的经济发展。人们不仅能通过互联网、移动终端在线上消费,还有很多生产者正通过"互联网+"改造实体经济,推动产业转型升级。要从我国发展的全局角度深刻理解网络提速降费对拉动消费、促进创业就业、推动经济升级的重要意义。经过近年来的快速发展,就互联网的普及率和消费升级的速度而言,我国已经和发达国家站在了同一起跑线上,在某些领域甚至还取得了一定优势。我国经济发展的一大"富矿"就是人力资源,要充分利用"互联网+"和"双创",把"人"的智力充分开发出来,支撑经济新的发展和转型。

我国数字经济持续快速发展,2018年我国数字经济规模达到31.3万亿元,占GDP的比重为34.8%[33]。互联网对我国经济发展的重要作用不言而喻。为持续发挥互联网带动经济发展的作用,为老百姓提供用得上、用得起、用得好的网络信息服务,进一步提高网速和降低资费显得尤为重要。

从国家层面来看,持续推动提速降费能增强"互联网+"和"双创"的支撑能力,促进融通发展,壮大数字经济,培育新经济新动能,加快新旧动能转换和经济结构转型升级。宽带网络正为各个领域技术的快速应用、组织变革及商业模式的创新提供载体和手段。同时,宽带网络的广泛应用也带动了创新创业模式的变化,基于宽带网络的大众创业、万众创新正在兴起,在高速移动互联、万物互联的环境下,云计算、大数据、人工智能等新技术与其他产业不断融合，不断催生出新模式新业态，培育出新的经济增长点，为经济发展注入新的驱动力[57]。

从行业上下游层面来看，持续推动提速降费，将推动电信领域的技术创新、网络创新和服务创新，提高网络服务能力。提速降费将引导运营商加大网络建设的投资力度，直接拉动光纤制造、网络设备、智能终端、通信铁塔等上游相关制造企业的发展。提速降费还将促进互联网应用的移动化转型发展，推动电子商务、搜索引擎、社交网络等向下游移动端转移，带动移动端业务持续快速增长。同时，在用户需求集中的业务（如流量、互联网专线、国际长途）上，持续推动提速降费，能发挥电信业规模经济的特点，扩大互联网普遍服务的覆盖范围，实现社会效益和经济效益的双赢。

通信业提速降费，还能为经济增长不断注入新动能，催生一大批新产业、新模式、新业态，助力大众创业、万众创新。有专家认为，通信和信息本身具有覆盖性和渗透性，不仅自己能够创造一个巨大的产业，而且能够带动其他产业快速发展。随着流量费用的降低，以网购、新媒体、手机支付、手机视频等为依托的新兴产业消费也快速增长，直接拉动了投资和消费。

（二）改革红利落地

针对国务院和通信行业主管部门每一次提速降费的改革

要求，我国基础电信运营商均制定、实施了相应方案。网络供给能力不断增强，切实提高固定宽带和移动宽带的网速。工业和信息化部的数据显示，2016—2018 年，电信企业累计投资超过 1.2 万亿元，新建光缆线路超过 1000 万千米，建成 4G 基站超过 450 万个。在固定宽带方面，我国建成了光网城市，光纤网络用户占比达 87.3%，固定宽带家庭普及率提升至 82%，远远超过"十三五"规划所设置的 70% 的目标，提前完成了国家的规划任务。

工业和信息化部相关负责人 2019 年 5 月 21 日在国务院新闻办公室举行的网络提速降费政策吹风会上表示，从 2015 年开展提速降费以来，基础电信企业 4 年累计投资超过 1.5 万亿元，深入推进光纤宽带和 4G 网络建设；我国固定宽带用户平均下载速率从 2014 年年底的 4.2 Mbit/s 提升至 28 Mbit/s，移动宽带下载速率从 3G 时代的不足 3 Mbit/s 提高到 22 Mbit/s，网速提升了 6 倍以上。2018 年，固定网络每 MB 流量月均资费为 0.3 元，比 2014 年下降 95%，手机上网流量平均每 GB 为 8.5 元，比 2014 年下降 94%，提速降费效果明显。

宽带发展联盟发布的 2019 年第三季度《中国宽带速率状况报告》显示，2019 年第三季度我国固定宽带和移动宽带用户的体验速率提升快速，网络提速取得明显成效；全国光纤宽带用户占比超过 91%，宽带用户持续向高速率迁移，100 Mbit/s 及以上接入速率的固定互联网宽带接入用户已占总用户数的 80.5%；4G 用户数占移动电话用户数的比例已达 79.1%，这些指标均位居全球前列；我国固定宽带网络平均下载速率已达到 37.69 Mbit/s，比 2018 年同期提升了 12.7 Mbit/s，年度提升幅度达到 50.8%；移动宽带用户使用 4G 网络访问互联网时的平均下载速率达到 24.02 Mbit/s，与 2018 年同期相比提升幅度达到 11.9%[58]。

大力降低通信和数据流量费用，给用户带来了更多获得感。根据中国移动、中国联通和中国电信这三大电信运营商的年度财报数据，网络提速降费工作开展 3 年（编者注：指 2015—2017 年）来，移动流量资费降低超过 90%，宽带固定资费的降幅同样超过 90%，惠及人数达到 10 亿以上。2015 年，三大运营商的固定宽带、移动流量平均资费水平降幅分别超过了 50% 和 39%，为用户节省了 400 亿元。2016 年，运营商持续下调流量标准资费，降低国际国内长途、漫游资费，直至取消国内长途和漫游资费，降费举措带给用户的获得感日益强烈。2017 年，三大运营商全部取消了国内长途费和漫游费，大幅降低了面向双创基地、中小微企业等的互联网专线接入的价格水平，国际长途电话费降幅最高超过 90%，手机上网数据流量平均资费下降到 26 元 /GB，光纤宽带接入用户超过 80%，60% 用户接入的带宽超过 50 Mbit/s。国际电信联盟 2018 年发布的报告显示，我国 3 年来流量资费降幅高达 91%。每 GB 移动流量资费占人均国民总收入的比重为 1.1%，显著低于 6.8% 的全球平均水平。

我国提速降费的改革举措惠及民众，多地百姓"点赞"网络提速降费增加了"看得见、摸得着"的获得感。福建省福州市晋安区南平西路锦绣文华小区的居民说，家里宽带网络的带宽由原来的 10 Mbit/s 免费提升到了 100 Mbit/s。有北京市民称，以前安装的 20 Mbit/s 光纤宽带，包年费用超过 1800 元；现在宽带免费提升到 30 Mbit/s，再加上每个月 2 GB 的手机流量，花费也才 1800 多元，两年来"提速降费"的感觉十分明显。在运营商宣布取消流量漫游费举措后，凤凰科技开展的题为"手机流量漫游费取消对你影响大吗"的调查显示，68.95% 的网民选择了"影响很大，每个月流量费可以省了"。

提速降费为中小企业信息化降低了成本。工业和信息化部推动中国移动、中国联通和中国电信三大电信运营商实施中小企业"速率倍增""提速惠企""宽带提速"等专项行动，给广大中小企业和创业人员带来了实实在在的优惠，他们可以以更低的网络使用成本来运营企业或创业。业内专家介绍，按照互联网专线接入价格降幅 10% 来测算，可惠及相关企业用户近千万户，年降费总额将近 40 亿元。上海一家科技初创公司的负责人称，按以往的宽带接入费用，公司一年要花费 1.6 万多元，但是改用"小微宽带"产品后，费用至少节省了 50%，而且网速快、网络稳定，提速降费让他们节约了成本、提高了效率，得到了实实在在的实惠。中国（绵阳）科技城金家林总部经济试验区内的一家企业表示，以前一条 100 Mbit/s 的企业专线光纤每月需要好几千元的使用费，一年就是几万元的成本，对于创业企业来说，成本负担不小。提速降费后，公司开通了一条 100 Mbit/s 企业专线光纤，每个月的通信费不到 1000 元，大大降低了运营成本。

此外，我国提速降费改革也为出境公民提供了更加便捷的服务。随着4G技术的成熟，中国运营商谈判的话语权也不断增加，因此国际及港澳台漫游的资费也有较大的下降幅度。在有线宽带增量难增收、移动流量收入增速减缓的当下，降低国际及港澳台流量费用可有效地争夺市场份额，国际及港澳台漫游可能成为运营商基础通信服务以外的新的增长点。2017年以来，中国移动、中国联通、中国电信三大基础电信运营企业积极响应国家"一带一路"倡议，落实政府"提速降费"工作部署，大幅下调"一带一路"区域国际及港澳台语音及数据业务漫游资费，目前已取得初步成效。各运营商覆盖北美、欧洲、东南亚的国际长途通话的资费都已降至每分钟1元以下。2017年5月，中国电信推出无须订购的单日资费自动封顶服务，出境在外的老百姓可以放心使用移动互联网。近几年，中国移动、中国联通的国际及港澳台漫游资费也降低了将近90%。现在出境，刷刷网页、看看微信，再也不感觉那么"肉疼"了。

（三）内在矛盾待解

目前，我国提速降费任务的完成情况较好，电信普遍服务水平和层次持续提高。中国移动、中国联通和中国电信这三大基础电信企业作为重点央企，既要承担国有资产保值增值和稳增长的任务，接受国资系统考核，还要承担惠及广大群众和普遍服务等社会责任，接受民众评议。提速降费过程中存在的电信用户"信任鸿沟"、基础设施建设环境不友善、企业"提速降费"与"保增长"两难等内在矛盾制约了提速降费发挥更大的作用。

一是提速降费举措与用户期待间的矛盾仍然存在,"信任鸿沟"亟待缩小。2015年以来,流量套餐当月不清零、取消长途漫游费、降低国内国际资费等提速降费举措"干货"多多。然而,网上对运营商的质疑、批评声音仍然持续不断。几年来,虽然运营商在提速降费上向社会让利超过1300亿元,电信业从提供"语音业务"过渡到"流量业务""数字化服务",但运营商推出的部分降费措施针对的是特定群体或特定时段,"夜间流量套餐""不限流量但限速"等政策被质疑缺乏诚意。一些消费者对网速的实际感受与运营商宣称的网速明显不符,运营商宣传的效果与公众的实际感知及期待仍有较大差距。多家主流门户网站的调查显示,半数以上的受访用户认为,虽然提速降费工作颇有成效,运营商的资费水平较之前也有明显下降,但仍有进一步下调的空间。

二是互联网基础设施建设环境有待优化。我国宽带网络建设"光进铜退"尚有难度。"光进铜退"面临老旧铜网规模大、企业资金投入不足、区域发展不均衡、既有小区"光改"困难等多重难题。企业通过送话费、免费改装光纤等诸多手段积极向用户推广光纤接入,但以中老年用户为主的群体因担心"光猫"断电、固话不通而要求"不退铜",企业面临两难境地。部分城区的老旧小区建成时间久,没有预留相应的光纤宽带通道,小区的施工条件不好,也成了光纤铺设的物理障碍。对于企业来说,光纤网络需要全覆盖铺设,前期投资大,短期难以收回成本,企业会面临巨大的资金压力。

农村地区开展电信普遍服务试点工作时，此类问题尤甚[59]。此类地区存在工程建设成本高、后续维护难度大、项目进展缓慢、运营持续亏损等问题。对企业来说，农村市场意味着用户规模有限、运维成本高、面临亏损的压力。此外，据运营商和媒体曝光，在"宽带中国"战略落地的过程中，有些基础通信光缆遭恶意破坏，有些基础设施遭到蓄意损毁，数据中心等基础资源面临环境影响评估、水电、用地等问题的制约，通信基础设施建设需要政府给予更多的资金、政策和法律扶持。

三是电信企业面临"提速降费"与"保增长"的两难挑战。我国的电信业既是战略性新兴产业，又兼具市场化和公益化的属性。2014年工业和信息化部、国家发展改革委联合发文，对电信业务实行市场调节价，希望通过电信企业自主定价促进市场竞争，提升通信业的发展质量和通信服务质量。近年来国家又要求"提速降费""取消手机国内长途和漫游费"等，企业需要找到市场和政府要求的平衡点。这对光纤网络改造升级、深化4G发展和开展5G商用方面的投资施加了压力；同时按照现行国有企业的经营绩效考核制度，企业必须维持一定的增长速度，这也削弱了这些企业"提速降费"的积极性。

五、应对野蛮生长带来的问题

任何发展都不会只有光彩的正面。随着我国互联网发展到一定高度，野蛮生长带来的问题愈发突出，经济泡沫、恶性竞争、版权保护、劳资关系等问题，日益引发网民的担忧和社会的反思，亟待引起重视。

（一）经济泡沫

提起互联网公司泡沫，就不得不提到2000年的美国互联网公司泡沫破裂。当时，雅虎、思科、网景公司的上市神话引起了人们对于互联网的高度兴趣，一些风险投资家们也竞相炒作和追逐互联网科技公司。1995—1999年，美国互联网公司上市数目呈指数型爆发，纳斯达克成为互联网公司的"造富机器"。在狂热的市场氛围下，随着资本的盲目追捧，一些互联网公司甚至可以在尚未建立成功的运营模式的情况下，依靠鼓吹商业计划上市。互联网行业不断趋热，助推以技术股为主的纳斯达克综合指数在2000年3月攀升到5048，网络经济泡沫达到最高点。此后在种种利空消息之下，市场对科技公司的信心开始动摇，许多公司的股价暴跌，倒闭潮就此开始。2000年3月—2002年10月，互联网经济泡沫破灭，约5万亿美元的市值"挥发"，导致美国经济的发展从2000年下半年起明显减速，其GDP（Gross Domestic Product，国内生产总值）的增长率从2000年第二季度的5.6%降到了第三、第四季度的2.2%和1%[60]。

回顾历史并审视当下，有专家认为如今的中国科技行业出现了与当时美国互联网泡沫期间相似的现象。出现这种担忧并不奇怪。因为互联网概念在我国一直被"热炒"，也出现了没有盈利能力的公司轻松获得融资乃至上市的现象。而随着诸多互联网公司"负债上市"，有关互联网泡沫的担忧与质疑愈加强烈。下面以我国互联网企业的"第三次上市潮"为例来看看这个问题。

2018年上半年,视频领域的爱奇艺和bilibili,手机厂商小米,生活消费服务行业的美团大众点评,直播平台映客、虎牙和斗鱼,电商平台优信、拼多多等纷纷上市。而与上市形成鲜明对比的是这些公司的亏损问题。艾媒咨询发布的"2018年度互联网上市公司亏损榜单"显示,拼多多2018年以净亏损102.17亿元位列榜首,爱奇艺以净亏损91亿元排第三,美团大众点评以净亏损85.17亿元排第四。优信、bilibili等也位列前二十名[61]。与新浪、网易、搜狐等门户网站2000年第一波赴美上市,阿里巴巴、京东等电商平台2014年第二波集中上市不同,第三批上市的部分企业与老牌巨头们相比,在行业积累度和商业模式成熟度方面仍有差距,市场容量也有限,在种种制约下,这些企业最终在资本市场上有何表现仍有待观察。

从企业发展的角度来看,互联网企业寻求上市有其原因。正如高德纳新兴技术成熟度曲线所揭示的,在技术创新到达"期望膨胀期"时,随着技术的逐步成型和公司的跟进,舆论造势会成为其快速发展的重要因素。但这种曝光容易引发资本市场的盲目跟风和非理性狂热,因此就会出现这样一种现象:在互联网新经济的热潮面前,很多传统的投资理念被颠覆,对企业"美好前景"的向往压倒了对亏损现实的担忧,资本是否将在"泡沫幻灭期"走向"幻灭",是互联网企业留给市场的一个问号。

事实上，市场中不乏一些打着各种"互联网+"概念，实际跟新的科技革命没有多大关系的企业。跟谷歌、亚马逊以及国内的BAT等"硬核科技"企业不同，很多O2O、P2P（Peer to Peer，个人对个人，又称点对点网络借款）的"互联网创业公司"只是对传统行业进行了"互联网化"包装。2015年出现的O2O倒闭潮、近两年屡屡刷屏的P2P"爆雷潮"，在一定程度上也就不可避免。

当然，对于任何一个行业来说，只要有增量，泡沫就暂时不会破灭。互联网行业依然有高于其他行业的利润水平，吸引着资本和人才不断流入，这在一定程度上会引发互联网创业大潮，泡沫不可避免。此外，巨大的网民体量、具有十足潜力的市场，以及产业升级后巨大的空间，都给我国的互联网行业留足了发展空间。从这个角度讲，我国的互联网行业发展不应被泡沫所否定。

不过，互联网泡沫被刺破的情形也十分可怕，不仅会对互联网行业本身产生不良影响，因倒闭而出现的失业、利益受损群体等外溢风险更是不可小觑。对于政府来说，推动互联网发展的同时，也需要保持冷静的思考，提前做好准备。

（二）恶性竞争

互联网行业的恶性竞争具有某种普遍性，绝非哪个国家独有，其背后是巨额资本的"烧钱大战"，体现了互联网行业的垄断倾向。比如网约车行业的"补贴大战"在美国一直存在，优步同样对用户和司机提供补贴，目的是打压竞争对手来福车（Lyft）。有人调侃，从用户使用成本的角度而言，我国的互联网分为"收费时代"、"免费时代"和"补贴时代"。这背后反映的是我国互联网行业发展模式的转变，以及当前我国的互联网行业在争夺用户方面病态的"烧钱竞争"。"烧钱竞争"的规模相当惊人，达睿咨询创始人马继华估计，为了吸引中国消费者通过智能手机使用打车和洗车等服务，互联网公司每年用在补贴上的资金多达500亿元人民币。但他也承认，企业别无选择。"在这个市场上，如果你不烧钱，你就无法获得市场份额，这就意味着你吸引不到投资，结果是你在'烧钱'的竞争对手面前毫无机会。"[62]在网约车平台滴滴和快的打车的"烧钱竞争"中，两家平台竞相补贴司机、补贴消费者等，将市场竞争拉入"资本大战"的风暴中。共享单车领域的摩拜、ofo等平台也同样如此，ofo陷入退押金风波，小蓝单车在得到滴滴注资后"起死回生"，结局出人意料。

与此同时，互联网行业的垄断倾向酝酿着规模空前的不正当竞争，这可以说是全球互联网行业都存在的问题。为了争夺行业垄断地位、构建网络帝国，不少国际知名公司都使用过不正当竞争手段。最知名的案例是前文所述的微软利用自身操作系统的优势捆绑销售IE浏览器，打垮了曾如日中天的网景，虽然微软的反垄断官司最终败诉，但网景已经不复存在，微软最终确立了浏览器领域的龙头地位。在国内，有"3Q大战"、搜狗腾讯拼音互诉、360诉金山不正当竞争、

3721 诉百度不正当竞争……在我国整个互联网行业迅速发展的同时,不正当竞争的争议也屡见不鲜。腾讯互联网与社会研究院副秘书长张钦坤称,随着我国互联网技术的发展和网络覆盖面的扩大、用户数量的迅猛增长,竞争日益激烈,随之而来的是不正当竞争行为频现,并在整体上呈现上升态势。

此外,为了适应市场需求或受到业绩增长的压力,一些互联网公司选择了打色情、低俗等"擦边球"的做法。在这方面,不少知名互联网企业都有一段无法回避的过往。而近些年,一些平台等被要求整改、暂停下载的消息不断刷屏,CEO 们的道歉纷飞,企业的损失惨重。互联网作为人气和聚集度最高、覆盖面最广的行业,面临很深的治理困局。

我国政府意识到了恶性竞争带来的问题。尤其是 2010 年的"3Q 大战",该案的判决开启了对互联网不正当竞争治理的法制化,具有历史意义。2012 年 3 月 15 日开始施行的《规范互联网信息服务市场秩序若干规定》,首次对互联网竞争树立了行为界限。2014 年 4 月 21 日,"3Q 大战"入选最高人民法院的十大创新性知识产权案例,最高人民法院在点评中指出,此案二审判决确立了互联网产品或服务在竞争中应当遵守"非公益必要不干扰原则",对规范互联网经营者的竞争秩序进行了创新的探索,对同类案件的处理也具有一定的示范作用。

2017 年 11 月 4 日,第十二届全国人民代表大会常务委员会第三十次会议修订通过了《中华人民共和国反不正当竞争法》，该法第十二条对互联网领域的新型不正当竞争行为进行了专门规定，业界称其为"互联网专条"。同时，中央网信办及其他主管部门也采用约谈等方式约束互联网企业的恶性竞争行为，针对涉色情、低俗、洗稿等行为提出警告、要求整改，取得了良好的成效。

（三）版权争议

互联网版权保护是一个老生常谈的话题。互联网让内容复制和传播更加方便，也使其更容易脱离现有知识产权的保护机制，造成盗版问题和法不责众的心态。互联网技术催生了网络音乐、网络视频、网络游戏、网络书城、云盘、网络博客等一系列新业态，突破了传统模式下作品保护、版权保护的范畴，最终使得网络环境下的侵权与反侵权行为呈现出新的斗争态势。

从内容方面看，我国互联网行业一直摆脱不了抄袭、版权问题的纠缠，这时常成为舆论热议的话题。如2011年的"百度文库侵权事件"，由慕容雪村执笔，贾平凹、韩寒等50位作家联署、公开发表《三一五中国作家讨百度书》。今日头条曾屡屡被腾讯、搜狐、北京时间、微博、新京报、楚天都市报等起诉侵权。新浪微博2017年发布《微博个人信息保护政策》，要求"未经平台事先书面许可，用户不得自行授权任何第三方使用微博内容"，激起众多网民对自己微博内容版权的担忧。网络视频更是版权纠纷的"重灾区"，如百度就曾于2013年被优酷土豆、搜狐视频、腾讯视频、乐视网、中国电影著作权协会、万达影业、光线传媒等联合声讨存在网络视频盗版和盗链行为，最终于当年12月被国家版权局罚款人民币25万元。

盗版会不可避免地让行业自身陷入不健康发展的旋涡。以短视频为例，艾瑞咨询2019年发布的《2019年中国网络视频版权保护研究报告》显示，我国网络视频行业中存在的"短视频剪辑、搬运""体育赛事直播侵权""广告屏蔽"等突出问题，至少会给行业带来136.4亿元的用户付费损失，而整个行业规模也不过近千亿元[63]。侵权给网络文学带来的危害更大。艾瑞咨询发布的报告显示，2018年我国网络文学盗版造成的损失规模为58.3亿元[64]。

这种争议被置于全球化的背景下时，将影响我国互联网行业的全球发展。2018年7月，今日头条的母公司字节跳动针对印度市场专门开发上线了新产品Helo。当年10月，印度本地社交软件ShareChat对该公司提起诉讼，称其产品"完全复制"了ShareChat；另外还称Helo在广告词上"截胡"，当用户在谷歌搜索"ShareChat"时，Helo会在首批搜索的结果中出现。印度德里的高等法院下令，要求字节跳动停止使用"ShareChat"字样。谷歌也被要求在其平台上禁止字节跳动使用"ShareChat"或任何类似的字样来打广告[65]。

解决版权保护力度不足问题的同时，我国也开始出现滥用版权保护的问题。2019年4月，视觉中国自称获得黑洞图片的版权，要求自媒体付费使用，引发网民质疑，视觉中国、全景网相继被曝出将国旗、国徽非法标注为自有版权，要求他人付费使用的问题。媒体也曝光了视觉中国利用图像版权网络追踪系统，大范围搜索未经授权使用了其图片的用户，然后要求他们赔偿的行为，2013—2019年该公司涉诉案件达1000余起，存在"维权—诉讼—和解—签约"的"商业模式"，打官司维权一度成为其重要的收入来源。

围绕互联网版权所产生的激烈碰撞的背后，是版权在互联网世界中越来越高的重要性。互联网从早期的"免费"到越来越尊重版权，这是其发展的必然。然而，我国网络盗版侵权并非个别现象，这其中不仅有网络企业巨头的经济利益之争，也有广大网民普遍版权意识薄弱的问题；既有网络版权基于互联网特性而存在的风险与弱点，也凸显出我国在互联网版权保护方面所面临的难题，以及尚需加强保护工作的现状。

当前，保护知识产权就是保创新、保发展、保未来，这已经成为我国经济社会发展的共识。我国在推进互联网发展的同时，也在不断强调网络版权保护，相关执法监管工作也取得了一定成效。

在互联网版权的法律建设方面，我国通过10余年的努力，构建了较为完善的互联网版权法律制度体系，如在2006年就颁布了《信息网络传播权保护条例》，对著作权法有关网络环境下版权保护的原则规定进行了细化；2007年我国正式加入世界知识产权组织的两个互联网条约——《世界知识产权组织版权条约》和《世界知识产权组织表演和录音制品条约》，"互联网条约"正式生效。近年来最高人民法院也颁布了多个司法解释，如《最高人民法院关于审理涉及计算机网络著作权纠纷案件适用法律若干问题的解释》《最高人民法院关于审理利用信息网络侵害人身权益民事纠纷案件适用法律若干问题的规定》等，专门对涉及侵犯信息网络传播权的有关问题作出了具体规定。

在执法机制方面，自2005年起，国家版权局就在有关部门的配合下持续开展旨在打击网络侵权、盗版专项治理的"剑网行动"，针对网络文学、音乐、视频、游戏、动漫、软件等重点领域和App、网盘、电商平台、广告联盟等新型网络应用开展分类治理[66]。

在监督管理方面，政府对网站版权进行了重点监管，遏制了大中型网站的不法行为。从2010年开始，国家版权局就将规范重点网络企业和网站使用作品的行为放到突出位置，加大对网络影视、网络文学、网络新闻转载等涉及作品授权使用问题的主动检查力度，淘宝、百度、新浪、搜狐、优酷等具有全国影响力的知名网站均被列入重点监管范围。

近年来，在中央宣传部的统一领导下，相关部门在各地版权、网络管理等部门的密切配合下，对互联网侵权盗版行为开展持续打击并取得了显著成效，侵权盗版行为明显减少，网络版权秩序明显好转。

（四）劳资关系

互联网行业往往被认为是高科技行业，但也应当看到，很多互联网商业模式其实是基于大量劳动力的劳动密集型服务行业。我国互联网经济的"明星"行业（如网约车、共享单车、电商物流、网络外卖等），其实都有大量廉价劳动力的巨大贡献，包括分布在快递、外卖、驾驶、货运、保洁等传统行业中的从业人员。国家信息中心的数据显示，2017年我国为共享经济提供服务的服务者人数约为7000万，但共享经济的网络平台企业员工数约为716万，仅占整体从业人员人数的10%左右[67]。

目前的网络平台用工模式、业务分配和报酬获取都与传统行业有很大区别。互联网平台往往只负责应用软件的开发运营、服务信息的整合推送，并不直接经营实体业务，平台与从业人员的业务范畴差距较大。虽然为同一家企业工作，程序员和快递员的工作却天差地别，企业也不会将快递员纳入管理体系。实际上很多平台的业务都外包出去了，这可能会导致平台的运行面临权责不清、管理松懈带来的困境。

以广泛存在于互联网行业中的"客服"这一就业群体为例。2018年，短短3个月内连续发生乘客遇害事件，滴滴公司被推向了舆论的风口浪尖，互联网平台客服外包现象也引发反思。媒体调查发现，多数互联网公司倾向于将客服业务外包给第三方公司，这也在一定程度上造成了"责任外包"，不可避免地会产生权责的"扯皮"。按照这种模式，客服作为平台与消费者之间的第三方,在"权"与"责"两个方面均无法发挥有效作用。从权限的角度来看,企业将客服业务"外包"的同时并未将"权限"外包,受制于合作关系,客服作为沟通中介往往无权进行应急处置。从责任的角度来看,互联网平台对客服人员的约束力较弱,客服对平台也没有真正的归属感,责任心和服务的缺失不可避免。这导致在客户遇到重大危急事件时,客服无法有效应对,而当产生严重后果时,客服又往往成为被"甩锅"的对象。

此外,互联网行业的巨大波动性必将在劳动力市场上制造波澜。企业竞争策略的调整、企业倒闭并购都将导致劳动者福利乃至就业的巨大变化。尤其是互联网"潮来潮去"的周期性发展,往往容易导致"周期性失业潮"。2018年年底,互联网裁员现象成为行业中的一大阴霾。2019年年初,互联网裁员的焦虑情绪依然蔓延,短短几个月的时间内有近20家大型互联网企业爆出裁员消息。一开始,各个公司都不承认裁员,而裁员动作最后却都"实锤"落地。2019年3月19日发布的《智联招聘2019春季跳槽报告》显示,金融行业和互联网行业是裁员比例较高的领域,表示企业有裁员现象的"白领"占比分别为39.82%和39.74%[68]。有业内专家表示,这波裁员潮是互联网行业周期性、结构性调整的结果。

2019年3月以来,针对一些互联网公司推行"996"工作制(指工作日早上9点上班,晚上9点下班,中午和晚上休息不超过1小时,每天工作总计10小时以上,并且一周工作6天的工作制度),一些程序员发起了"996.ICU"项目进行抵制，呼吁设置网络技术许可证抵制"996"公司。

"996"工作制在互联网行业泛滥有其必然性。在达维多定律起作用的背景下，我国的互联网企业有着很深的"劳动密集型"烙印，试图通过率先推出新一代产品来主导市场，这往往需要通过大规模的劳动力投入来实现"先发优势"。也有观点认为，对照硅谷的加班文化，风投追逐呈指数型增长，导致增长压力向程序员传导，这一逻辑对我国企业或许同样适用。

对于抵制"996"工作制行为的爆发，舆论主要关注其反映出的我国互联网发展面临的结构性变化。有观点认为，2018年以来，互联网行业在我国疾风骤雨式发展的时代已经到了尾声，行业增长趋于平缓，暴露出低端化、劳动密集型发展模式的问题。网上流传着一位程序员给90后特别是95后发出的忠告："老码农赶上互联网红利才有钱有房，95后要另谋出路。"

从微观角度来看，从业者对自身收益增长预期的放缓，在心理上还无法完全接受。过去十几年，明里暗里实行"996"工作制的公司其实很多，别说"996"了，"007"（指从0点工作到0点，每天工作24小时，持续工作7天）的情况也不是没有。当前互联网行业的反"996"运动，表明劳动者的付出和收益已经不成比例，或者说对未来的期许已经大不如前。

相对于程序员和白领，共享经济平台上的7000万灵活就业人员（快递员、保姆、网约车司机等）更是缺少话语权，他们面临的与日俱增的社会风险尚未引发足够关注，例如，他们面临着工伤、患病、养老困难、收入降低乃至失业等多方面的风险。近年来在快递、网约车、货车运输等行业，平台政策的调整多次引发了从业人员与平台的矛盾，这些矛盾的积累已有较长时间，需要有关部门认真对待。

六、助力互联网发展的前沿技术

互联网的发展还没有结束，新的前沿领域还在不断涌现。在 5G、物联网、人工智能、大数据、云计算等新兴领域，各国积极布局展开竞争，试图占领未来互联网发展的制高点。我国互联网行业也已积极参与其中，国家相关政策正不断出台，助力新一轮发展。

（一）5G

5G 实际上指的是一个行业标准，这里的"G"是"Generation"（意为"一代"），5G 即"第五代移动通信技术"，是 1G、2G、3G、4G 技术之后的新一代技术。1G 诞生后，人们可以实现移动语音通话。2G 为人们带来了手机短信等功能。3G 将无线通信与国际互联网结合，意味着人们可以通过手机上网。4G 则在信息传输方面更进一步，信息传输速率、兼容性、通信质量等得到大幅提高。而 5G 是在 4G 的基础上将通信技术推向了更高的层次。根据国际电信联盟的定义，5G 有三大应用场景：增强型移动宽带、低时延高可靠通信和海量机器类通信。通俗地讲，5G 技术可以带来更快的网速、更低的时延、更多的连接。如果仅仅认为 5G 是网速的提升，那未免小看了 5G 的价值。

5G 的真正价值在于能推动无线通信应用到更广泛的地方，从而将此前因某些条件限制而停留在理论阶段的科技变成现实，如智慧城市、智能家居、车联网、自动驾驶等。5G 也将给人们的生活带来更多的便利和乐趣。高通公司 CEO 史蒂夫·莫伦科夫称："5G 是一种全新的网络，它能为大量设备提供支持。5G 的诞生与电力或汽车同等重要，它将对经济和社会产生深远影响。"

5G 在未来将带来的经济价值和在产业变革方面发挥的作用不可小觑。阿里研究院 2019 年发布的《解构与重组：开启智能经济》研究报告显示，到 2035 年，5G 将为全世界经济产出带来约 7%（约合 3.5 万亿美元）的增长，新增就业岗位 2200 万个。其中，中国将会增加近 1 万亿美元的经济产出和近 1000 万个就业岗位[69]。中国信通院发布的《5G 经济社会影响白皮书》显示，到 2030 年，5G 将带动的直接产出、经济增加值、就业机会分别为 6.3 万亿元、2.9 万亿元和 800 多万个。该报告更指出，"5G 将全面构筑经济社会数字化转型的关键基础设施，从线上到线下、从消费到生产、从平台到生态，推动我国数字经济发展迈上新台阶"[70]。如前文所述，5G 可以推动人工智能、工业互联网、物联网等新型产业的快速发展，这也就意味着，拥抱 5G，就是拥抱经济高质量发展的进程，进而可以推动我国从制造大国向制造强国、科技强国转型升级。

各国均在近两年开始 5G 商用部署。美国在 2018 年 11 月发放了第一批 5G 牌照。韩国 SKT 等 3 家运营商于 2019

年4月3日启动5G服务。在我国,工业和信息化部于2019年6月6日正式向中国电信、中国移动、中国联通、中国广电发放5G商用牌照,中国从而正式进入5G商用元年。我国的5G研发和商用已经在部分领域实现领跑。根据中国信通院2019年发布的《通信企业5G标准必要专利声明量最新排名》,截至2018年12月28日,在ETSI(European Telecommunications Standards Institute,欧洲电信标准组织)网站上进行5G标准必要专利声明的企业共计21家,排名前十的企业中,中国企业占3席,华为夺得榜单第一[71]。另据GSMA智库预测,到2025年,全球将有14亿个5G连接,中国将成为全球最大的5G市场,连接总数占全球的1/3[72]。

但对我国5G的发展也不应当盲目乐观。首先,从技术层面讲,我国并未形成全面领先优势。无论是标准制定、芯片商用还是技术能力等方面,中、美、欧的通信厂商整体来说实力仍然旗鼓相当,而这种技术上的"并跑"态势可能会在5G时代成为常态。其次,在网络实施方面,根据各国规划,从提供5G预商用服务到正式商用和全面铺开,时间很短,其间任务重,需要各方合作、克服困难,我国当然也不例外。再次,从投资方面来说,部署和运维5G网络需要巨大的投资,但目前为止,5G的商业模式尚未真正形成,这种不确定性让业界,尤其是社会力量持一定的观望态度。最后是行业融通。5G肩负着赋能各行各业的使命,但洞察业界和用户需求、提出5G与现有产业融合的解决方案,以及寻求用户认同,都是有难度且需要时间的[73]。

（二）物联网

IoT（Internet of Things，物联网）被称为继计算机、互联网之后的世界信息产业发展的第三次浪潮。物联网，即物物相连的互联网，是指将互联网延伸和扩展到任何物品和物品之间，实现人、机、物在任何时间、任何地点的互联互通[74]。通俗地讲，物联网中的设备与其他单个或多个设备交换数据，进行自动响应。智能家居、可穿戴设备、自动驾驶、智慧城市等均是物联网的典型应用。

一般认为，物联网的应用主要分为消费物联网和产业物联网。消费物联网是消费应用类的物联网，是我们日常最容易接触到的物联网应用，包括车联网、智慧家庭、可穿戴设备等。产业物联网涉及"产业"+"物联网"，是指能源、交通、物流等产业层面的物联网技术应用。无论是消费物联网还是产业物联网，其对新一轮产业变革、经济发展升级、社会绿色持续发展均具有重要意义。

近年来美国、欧盟、日韩等高度重视物联网的发展，积极进行战略布局，纷纷开启了"智慧地球""物联网行动计划""U-Japan"等以物联网为基础的重要战略。在物联网方面，我国布局早、发展快。在重要战略层面，2009年8月提出的"感知中国"、国务院于2010年10月发布的《国务院关于加快培育和发展战略性新兴产业的决定》、国务院2012年7月印发的《"十二五"国家战略性新兴产业发展规划》等，均将物联网作为重要的新兴战略产业。在政策支持方面，工业和信息化部 2011 年 11 月印发的《物联网"十二五"发展规划》、国务院 2013 年 2 月发布的《国务院关于推进物联网有序健康发展的指导意见》等，从全局性角度出发，对物联网的发展进行了系统考虑，明确了发展目标和下一阶段的发展思路。这些顶层设计对于提振产业信心、推动产业发展有着显著作用。在组织机制方面，通过建立物联网发展部级联席会议制度，加强了各政府部门之间的统筹协调；通过成立国家物联网专家咨询委员会和物联网产业技术创新战略联盟，打通了政产学研各界。

随着顶层设计的不断完善，政策支持力度不断加大，组织保障不断推进，我国物联网产业的规模保持快速增长。中国信通院在其发布的《物联网白皮书（2018 年）》中指出，我国物联网取得阶段性进展，物联网总体产业规模和公众网络连接数快速增长、特色产业集聚区基地及国家和行业标准不断涌现，截至 2018 年 6 月，已制定 81 项国家标准和行业标准[75]。国外智库和研究机构十分看好我国物联网的发展。GSMA 智库估计，到 2025 年，全球 IIoT（Industrial Internet of Things，工业物联网）连接数将达到 138 亿个，其中来自中国的连接将占 65%[76]。国际市场调查机构 IDC 于 2019 年发布《2018 年上半年全球物联网支出指南》，当时初步估算 2019 年全球物联网支出达到 7450 亿美元，美国、中国物联网支出预估额分别为 1940 亿美元、1820 亿美元，远超排名第三的日本（654 亿美元）[77]。

有成就也有不足，我国物联网产业还面临一些发展瓶颈。

《物联网白皮书（2018年）》指出，我国物联网关键核心技术基础薄弱，高端产品研发能力不强；物联网基础设施仍有不足，亟待全面升级；物联网产业与市场需求仍存在"脱节"问题，消费端应用有待进一步开发；物联网标准种类繁杂，亟待规范统一标准体系；数据隐私和物联网安全问题仍然突出。要解决这些问题，可能还需要更多的时间和精力。

（三）人工智能

AI（Artificial Intelligence，人工智能）又称机器智能，一般是指由人类制造出来的机器实现的类人智能技术，通俗地讲，就是在机器中模拟人类智能。人工智能是计算机学科的一个分支，因其理论前沿、应用前景广泛等特点，被冠以多种美誉，如20世纪70年代以来它就被称为世界三大尖端技术之一、21世纪三大尖端技术之一等。自1956年达特茅斯会议提出"人工智能"的概念以来，人工智能经历了60多年的发展历程。近年来，语音识别、图像识别、自然语言处理、机器学习等技术取得了突破性进展，这些基础性技术的发展加速了人工智能的商业化和全球化的进程。

人工智能对于缓解人口老龄化、促进经济结构转型、应对可持续发展挑战等至关重要，已经成为未来国家之间竞争的关键赛场。如美国就通过启动"美国人工智能倡议"、发布《国家人工智能研究和发展战略计划》，确保其在人工智能领域的优势地位。我国也从国家战略层面推动人工智能发展。国务院2017年印发的《新一代人工智能发展规划》对我国发展人工智能提出了"三步走"的战略目标，分别是："第一步，到2020年人工智能总体技术和应用与世界先进水平同步，人工智能产业成为新的重要经济增长点，人工智能技术应用成为改善民生的新途径，有力支撑进入创新型国家行列和实现全面建成小康社会的奋斗目标"；"第二步，到2025年人工智能基础理论实现重大突破，部分技术与应用达到世界领先水平，人工智能成为带动我国产业升级和经济转型的主要动力，智能社会建设取得积极进展"；"第三步，到2030年人工智能理论、技术与应用总体达到世界领先水平，成为世界主要人工智能创新中心，智能经济、智能社会取得明显成效，为跻身创新型国家前列和经济强国奠定重要基础"。

我国的人工智能产业发展呈现出良好的现实状况和前景。譬如清华大学发布的《中国人工智能发展报告2018》指出，我国的人工智能企业数量排全球第二，人工智能投融资占到了全球的60%，人工智能领域论文的全球占比从1997年的4.26%增长至2017年的27.68%，大幅领先于其他国家，专利申请方面排名第一，略微领先于美国和日本[78]。普华永道则大胆预测，到2030年，中国人工智能产业的规模将达到7万亿美元，位居世界第一，占中国GDP的26.1%[79]。论及产业落地的速度，舆论也看好中国成为领先者。有观点认为，我国发展人工智能产业有三大优势，包括庞大的网民数量所带来的巨大数据量、人数庞大的软件工程师，以及政府部门的大力支持。

虽然我国人工智能产业已经呈现出蓬勃发展的景象，但受诸多因素的影响，仍与美国等发达国家存在一定差距。一是在科研方面的影响力仍待提高。比如在谷歌学术（Google Scholar）的引用数据方面，欧美科研人员在人工智能领域的影响力依然高于我国的科研人员。而造成这一问题的根源，也许可以从人才培养的方面看到一些端倪。在基础研究的人才培养方面，我国起步较晚。腾讯公司副总裁姚星表示，美国的人工智能人才培养体系历史悠久，拥有数学、统计、机器学习、数据挖掘和机器人等多个细分领域。但我国近年来才开始建构培训体系。二是在产业链方面，存在"芯"病的拖累。人工智能专家伊恩·霍格思提到，在人工智能产业中至关重要的半导体领域，中国的产业规模与美国、韩国相比都还有一定的差距。近两年随着阿里巴巴、华为等企业开始在芯片方面发力，这一问题有望得到缓解，但短期内我国仍将面临在芯片方面受制于人的现实。

对于我国来说，发展人工智能另一个值得注意的问题是对就业造成的冲击。专家和舆论多次提出这样一个观点：随着人工智能的普及，大量的制造业和劳动密集型产业的岗位将会被"机器人"所代替，可能带来失业的风险。中国发展研究基金会和红杉资本发布的《投资人力资本，拥抱人工智能：中国未来就业的挑战与应对》报告援引麦肯锡的研究结果指出，随着人工智能的不断发展成熟，预计2016—2030年间，我国被人工智能替代的全职员工的规模为4000万~4500万人；到2030年，自动化将使我国1/5的制造业工作岗位不复存在；如果自动化进程更快，到2030年，近1亿劳动者需要更换工作[80]。

不可否认，这种担忧不无道理。但从另外一个角度来看，这种担忧也许显得"多余"。美国高德纳公司提出了这样一个观点：人工智能创造的新工作岗位数量将超过它取代的工作岗位的数量。世界经济论坛发布的《2018未来就业》报告显示，到2022年，7500万份工作将被机器取代，但将产生1.33亿个新的岗位，即新增工作岗位5800万个[81]。而在我国的舆论场中，对人工智能造成失业的担忧并未扩散。传播集团电通安吉斯对全球10个国家共2万多人进行的调查显示，中国在认可新兴技术创造就业机会方面是最乐观的，65%的中国受访者认为人工智能和机器人等技术创新将在5~10年内创造出更多的就业机会。相比之下，全球平均只有29%的人认可新兴技术将创造新就业机会[82]。人工智能的兴起对我国来说是一个难得的机遇期，即使会遇到一些挑战，我们也应该一如当年加入世界贸易组织一样，积极拥抱变化而非"谈虎色变"。

（四）大数据

未来学家阿尔文·托夫勒在其1980年出版的《第三次浪潮》一书中，将大数据称为第三次浪潮的华彩乐章[83]。麦肯锡全球研究所对"大数据"给出的定义是：一种规模大到在获取、存储、管理、分析方面大大超出了传统数据库软件工具能力范围的数据集合。麦肯锡在其2011年出版的《大数据：下一个竞争、创新和生产力的前沿》中首次提出大数据时代的到来，称"数据已经渗透到当今每一个行业和业务职能领域，成为重要的生产因素。人们对于海量数据的挖掘和运用，预示着新一波生产率增长和消费者盈余浪潮的到来"。事实正是如此。互联网社会中，信息技术与经济发展、社会治理、人类生活的联系日益紧密、深入，数据呈现爆炸式增长的特点。互联网时代产生了大量数据，经济金融、舆论宣传等的决策日益离不开数据和数据分析。

大数据是信息时代创新与发展的主题。从技术角度而言，大数据是信息技术创新发展的前沿领域，可推动技术创新日趋活跃；从产业发展的角度来看，大数据是创新驱动的产业发展新兴领域，新业态、新模式不断涌现；从经济发展的角度来看，大数据是新经济的重要形式，可推动经济社会的持续进步；从国家治理的角度来看，大数据能集成政治、经济、社会、文化等方面的信息资源，助力国家治理实现现代化。

随着大数据时代的到来，各国也纷纷建立大数据产业以图占领先机。美国政府将数据资源视作重要的国家战略资源，将大数据战略上升到国家层面，从2012年以来提出了诸多促进大数据产业发展的宣言和计划。英国则于2013年、2015年、2016年先后投资超过6.6亿英镑，以加强数据采集、分析、技术开发和应用研究，力求在数据革命中抢占先机。

我国是互联网大国，同时也是数据资源大国。近几年，我国也将以大数据作为战略性新兴产业提升为国家战略。2014年，《政府工作报告》中首次提及"大数据"，大数据作为一种新兴产业正式登上中国舞台。2015年8月，国务院印发《促进大数据发展行动纲要》，提出了大数据发展的总体目标、主要任务等。党的十八届五中全会进一步提出，在"十三五"期间实施国家大数据战略。2016年，工业和信息化部正式印发了《大数据产业发展规划（2016—2020年）》，全面部署了"十三五"时期大数据产业发展工作，明确了"十三五"时期大数据产业的发展思路、原则和目标。2017年，党的十九大报告中强调，要加快推动大数据和实体经济的深度融合。随后，在十九届中央政治局就实施国家大数据战略进行第二次集体学习时，习近平总书记强调，推动实施国家大数据战略，加快建设数字中国。

我国大数据产业不断向前、向好发展。大数据发展环境持续优化，从国家到地方，多层次协同推进大数据发展的管理格局基本形成。同时，一大批具有影响力的龙头企业和具有创新特色的中小企业不断崛起，良好的产业格局初现。此外，大数据产业融合加快，政务、医疗、教育、交通、金融等大数据应用不断涌现。中国电子信息产业发展研究院发布的《中国大数据产业发展水平评估报告（2018年）》对我国的大数据产业给出了乐观的趋势判断，如"产业将持续保持快速增长态势""融合渗透效应向更深层次延伸""制造业数字转型作用日益凸显""技术创新仍是产业发展主基调""产业集聚特色化发展态势逐步显现""产业生态体系迈入成熟完善阶段"[84]。

不过，大数据产业迅猛发展的同时，围绕其本身及其可能引发的安全问题也日益突出。近年来，数据非法交易猖獗，数据泄露事件频发，这些事件凸显出大数据安全隐患给个人隐私保护、企业安全生产、经济社会发展乃至国家安全带来了新的挑战。2016年，因个人信息泄露导致的"徐玉玉被电信诈骗"一案震惊全国，引发了全社会对个人信息泄露现状的高度关注；2018年，万豪国际集团旗下酒店5亿名房客用户信息外泄，导致该酒店股价大跌7%。在国家层面，有学者认为，通过对阿里巴巴等重要企业的物流大数据的挖掘，可以建立起我国战略资源的流转及节点图，我国战略资源的薄弱环节将会暴露于人前。如何在保证大数据产业快速发展的同时，构建完善的大数据治理体系和高效的安全管理机制，保证其健康发展，应成为各界深入思考的问题。

（五）云计算

对于到底什么是云计算（Cloud Computing），业界众说纷纭。目前业界最为广泛认同的是NIST（National Institute of Standards and Technology，美国国家标准与技术研究院）的定义——"云计算是一种按使用量付费的模式，提供可用的、便捷的、按需的网络访问，可配置的计算资源共享池（资源包括网络、服务器、存储、应用软件、服务）里的资源能够被快速提供，使用者只需进行很少的管理工作，或与服务供应商进行很少的交互"。通俗地讲，云计算指的就是利用互联网上的软件和数据的能力。在云计算中，互联网是一个资源池，用户只需要在本地部署具有基本功能的设备，其余的能力可直接从互联网上获取，而且获取的仅仅是用户所需要的部分。正如"人工智能之父"约翰·麦卡锡提出的，计算能力作为一种像水、电一样的公用事业被提供给用户。在这种方式下,云计算运算能力得到极大提升,强大的计算能力又可以模拟许多"难以预测"的东西,如气候变化、市场发展趋势等。

云计算与大数据、人工智能等技术密切相关,主要是因为它为大数据、人工智能等提供了基础支撑。如大数据的特色在于对海量数据的挖掘,单台计算机往往无法进行海量数据处理,只能采用分布式计算架构,也就是说将计算分解后分配给多台计算机进行操作,从而提高计算效率。这就需要依托云计算的分布式处理、分布式数据库、云存储等。基于此,有专家指出云计算是"基础设施的基础设施",云计算催生了大数据的汇集,大数据为人工智能提供了充足的"学习资料"。可以说,人工智能、大数据、物联网等新型技术要真正落地,一定要具备顶层的云计算平台。

从整个社会经济运行的层面来看,云计算对经济发展、产业融合、技术创新的推动作用也不可小视。根据工业和信息化部的解读,云计算以信息流带动技术流、资金流、人才流、物资流,促进了资源配置的优化,加速了信息技术与各行业的交叉融合,催生了新业态、新模式,如自动驾驶、新零售等,为"双创"提供了重要平台,是经济发展新动能的助燃剂。云计算也是推动制造业和互联网深度融合的重要力量。云计算向制造业的渗透应用,加快了产业之间及产业链之间的整合速度,引发了企业内部的组织架构、管理模式等的变革;云计算与实体经济深度融合,促进了产业结构向中高端迈进;工业云计算融合了先进的制造工艺和新一代信息技术,塑造了更多依靠创新驱动、需要发挥先发优势的引领型发展。因此，我国需要进一步推动云计算健康发展，以支撑制造强国、网络强国建设，占据国际产业分工的制高点。

我国高度重视云计算产业的发展，出台了多项云产业政策，这些政策成了云计算产业的重要推动力。2015—2018年，云计算连续4年被写入《政府工作报告》。《"十三五"国家信息化规划》提出，要"围绕云计算与大数据、新一代信息网络、智能终端及智能硬件三大领域，提升体系化创新能力"，还要"出台党政机关和重点行业采购使用云计算服务、大数据相关规定"等。《"十三五"国家战略性新兴产业发展规划》提出，实施网络强国战略，加快建设"数字中国"，推动物联网、云计算和人工智能等技术向各行业全面融合渗透，构建万物互联、融合创新、智能协同、安全可控的新一代信息技术产业体系。工业和信息化部于2017年编制印发了《云计算发展三年行动计划（2017—2019年）》，从提升技术水平、增强产业能力、推动行业应用、保障网络安全、营造产业环境等多个方面，推动云计算健康快速发展。

自2007年引入相关概念后，我国云计算产业经过多年产业培育期，产业链渐渐成熟，商业模式已然显现，客户已形成一定的使用习惯。国务院发展研究中心国际技术经济研究所发布的《中国云计算产业发展与应用白皮书》显示，云计算已经被国内各行业人士视为支撑企业数字化转型的核心基础设施，同时新一代信息技术间的融合效应已经逐渐显现出来，"5G+云+AI"组合成为推动数字经济发展的重要引擎。

预计到 2023 年，我国云计算产业的规模将超过 3000 亿元，政府和企业上云率将超过 60%[85]。

但也应当看到我国云计算产业中存在的不足与面临的障碍，包括：产业上层存在的标准缺失、数据归属争议等；产业本身存在的可用性、稳定性、服务质量等方面的问题；市场层面的用户认知不足等。其中，相关法律法规的缺失造成的标准和安全的争议是迫切需要解决的问题。由于云计算行业缺乏统一标准，不同的企业与行业的云计算解决方案所采用的技术手段各不相同，不同解决方案之间无法贯通，云计算的"威力"被大大削弱，云计算要形成规模化和产业化集群发展也就面临着障碍。因此，推动云计算标准化以占据产业制高点成为诸多产业组织努力的方向。在这方面，我国的公司和组织与发达国家的相比仍存在差距。同时，随着云计算应用种类的不断增多和范围的不断扩大，越来越多的企业和个人的关键信息被集中到"云端"，云计算系统中安全漏洞的价值也越来越受到黑客们的"重视"，确保云计算系统中的信息安全变得愈发重要。

本章梳理了我国互联网发展的成就、问题和前景，以及党和政府的相关工作布局。政府推动了互联网基础设施建设，提供了日趋优质的公共服务；资本和企业推动了互联网的快速发展，孕育了创新的爆发；普通网民享受了互联网发展的红利，并成为发展的重要参与者。与此同时，发展的另一面是风险。互联网衍生的风险正在威胁国家安全，在舆论、经济等领域已出现明显的负面影响。

第三章

如何防范互联网的风险

一、网络政治博弈

二、网络政治动员

三、网络舆论冲击

四、网络谣言传播

五、网络负放大器

六、网络平台违法

回顾我国互联网发展的历程，取得的成就让人自豪，未来的前景值得期待。但与此同时，互联网这个最大变量，也一直不断产生各种隐藏的风险，给国家安全带来不容回避的挑战。2016年2月19日，习近平总书记在党的新闻舆论工作座谈会上指出，"我们过不了互联网这一关，就过不了长期执政这一关"。如何进一步在网络信息条件下提升党的长期执政能力，过好互联网这一关，事关新时代中国特色社会主义的发展和前途。

当前，互联网带来的风险已经在全球引发日益严重的问题。一些国家或明或暗地进行网络战，另一些则深受其害。网络舆论和谣言对现有政治体制造成冲击，政府不时受到舆论冲击。此外，互联网还难以避免地形成了很多灰黑地带，放大了负面因素。一些平台利用不当甚至违法的方式经营，影响了经济和社会的正常运行，亟待对其加强整治。我国作为互联网发展最快的国家之一，面临的风险同样十分突出，防范互联网风险是各级党委、政府和党员干部的时代课题。

一、网络政治博弈

近年来，网络博弈频繁在国际冲突中亮相，从看不透的网络空间走向国际政治的前台。国家级的网络战、舆论战粉墨登场，大量非国家主体纷纷参与，一种新的国际冲突模式产生了。

（一）国家级的网络战

当前，网络战已经成为一种新型作战形式，悄然登上国际舞台。网络战是一种特殊的"战争"，与我们通常理解的战争形态差别极大。

第一，网络战并未被纳入现有国际法。尽管北约在不断推进修订《塔林手册》，但它并不是得到全球公认的国际法，只是一个建议性指南，各国在该问题上仍有很大分歧。特别是对于何种行为属于网络战，对何种行为可以采取反击措施，西方国家的主张有明显的偏向，与包括我国在内的其他一些国家的立场不一致。

第二，网络战具有隐蔽的性质。网络战模糊了战争与和平的边界，没有宣战，也没有停战。和平与战争的边界在网络上并不清晰，更像一种时断时续的冲突状态。国家可以否认自己发动了网络战，很多时候也难以证明某个国家确实发动了网络战，甚至是否发生了网络战有时也难以被认定。

第三，网络战具有目标不确定性。网络战的攻击目标不仅包括对方的军事系统，也包括政务、商务、生产、民用等在内的各类系统，力图造成对方系统性瘫痪，达到不战而屈人之兵的目的。

第四，网络战的主体具有多元性。网络战模糊了战士与平民的身份。虽然多国已经建立了网络战部队，但作战主体往往不止于此，大量社会组织、企业、民间人士也可以用自己的方式参与网络战，比如干扰对方使用网络、发动网络攻击等。

第五，网络战的破坏力巨大。 由于互联网已成为重要的基础设施，并与其他基础设施直接或间接联通，网络攻击还可能导致国家的网络陷入瘫痪。兰德公司曾对美国可能遭受的网络战攻击进行过模拟实验，结果显示"电网瘫痪，大面积停电，抢劫案件频频发生；多架民航飞机由于信息误导在空中相撞；美军整个指挥信息系统失灵，部队无所适从；公众的银行账户被篡改，终身积蓄瞬间化为乌有；股市一片混乱，金融体系陷于崩溃……"[86]可见，大范围的、严重的网络攻击能够造成与战争同样的效果。

值得注意的是，当前的网络战具有持久冲突的性质。美军网络司令部提出了"持久交战"的最新概念，认为对手不断在武装冲突的门槛之下采取行动，各国网络部队处于持久交战状态，需要与对手持续不断地交战和对抗，才能赢得网络空间的自主权和优势，进而提出主动防御、减少作战限制等政策主张[87]。战争与和平的边界已经消失了。如果我们关注一些大国之间持续指责对方发起网络攻击、曝光对方网络攻击行动的事件，就不难理解这种持久冲突的性质了。

应该说在当今世界，大国之间的网络战作为一种模糊状态的战争方式，已经广泛存在。特别是网络战已经成为大国斗争的一个优先选项，并被付诸实践。拥有网络霸权的美国在网络战上具有很大的优势，别人有的战争手段美国都有，它还具有国际互联网的管理权力和行业的垄断能力，在某种程度上等于掐住了其他国家的脖子。

（二）网络上的舆论战

国家间的舆论战从来都没停止过。冷战期间，美国通过自由欧洲电台、美国之音等平台试图穿透"铁幕"向苏东阵营渗透；冷战结束后，美国依靠在国际舆论场上的超级大国地位，配合其政治目标持续开展舆论战。

舆论战应该被视为一种意识形态冲突在舆论上的反映。根据美国政治学家塞缪尔·菲利普斯·亨廷顿对文明冲突的分析，意识形态冲突具有某种不可调和性，只能暂时搁置停战，不能从根本上消除。如果我们观察当代中国和世界的网络舆论场，会发现意识形态冲突日渐激烈，比如在西方世界是自由主义和保守主义、建制与民粹的冲突，在我国可能主要是西方所谓的"民主"价值对社会主义核心价值观的冲击。

当今国际上还存在一些影响力很大的国际组织，它们通过网络舆论制造影响，给不少国家的政府造成了压力。值得注意的是，这些国际组织往往源自西方，在立场上往往持激进的、批判的立场，不仅批评西方国家，更多的是批评它们口中所谓的"威权国家"，这是由其意识形态上西方价值观的底色决定的。因此，经常出现这些国际组织密集地批评我国，有时还和一些针对我国的敌对、分裂势力和反华势力互相支援的情况。

网络上的舆论战既有国家、党派的组织性特征，又有意识形态的自发性特征。一些西方国家和国际组织对我国的舆论攻击既有国家利益考虑，也有立场、站队方面的考虑，"故意挑事"与"无事生非"并存，应该根据实际情况分类施策，提高舆论引导的针对性和有效性。

（三）网络力量的政治化

有人的地方就有政治，网络也不例外。一个人的力量是有限的，但一些人或组织具有超强的力量，足以影响政治。它们不必然具有政治属性，但可能会在特定情境下被政治化，成为重要的网络政治力量。

一是黑客的政治化。黑客通常是指对计算机科学、编程和设计方面有高度理解的人，本身并不具有正负面含义，也可以分为"黑帽"或"白帽"。黑客的身份不仅意味着使用计算机的能力，同时也隐含自主性，并不天然从属特定的组织，可以自己站队。例如，有的黑客选择从事网络安全工作，有的为政府、军方和情报部门服务，也有的单独行动或结成组织，甚至还有的为恐怖组织服务。黑客某种程度上是网络上的"游荡者"，"庙堂"和"江湖"都可以是他们的栖身之所。

一些黑客组织会被动员起来参与特定的政治活动。比如著名的匿名者黑客组织，它号称自己是全球最大的政治性黑客组织，作战对象遍布全球，以"国际游侠""网络正义斗士""V字仇杀队"形象出现，如针对巴黎恐怖袭击事件在网上对IS

宣战，因反对日本商业捕鲸攻击日本相关网站，不满美国的战争行为而攻击美国政府网络等。韩国、朝鲜等国也被匿名者黑客组织攻击过。

这一过程往往始于网上动员，比如在公共或黑客社群公开号召发起行动。在行为方式上，黑客行动具有非组织性，如何行动是不确定的：黑客们"自选动作"围攻同一目标，各种攻击手段不一而足，大有围攻之势。这种自发的混合攻击对网络的应对能力构成了新型挑战。

二是部分网络超级企业具有政治属性和超级权力。2018年爆发的脸书网站用户数据泄露丑闻等事件显示，新技术公司与政治的结合已经是政治生活中的常态。有些西方国家的新技术掌控者正在利用自身的技术优势积极介入本国和他国的政治。

我们应该注意到潜在的互联网企业霸权的政治风险。中国社会科学院政治学研究所研究员樊鹏指出，新技术公司开始凭借其先进的技术逐渐介入并接管了大量由政府所垄断的公共管理事务，发展为全新的公共治理主体[88]。比如推特、脸书、"电报（Telegram）"，掌握了海量的信息及其控制权，其手中的权力可能难以被政府有效制约，运转之复杂亦非外人可插手，其政治取向和具体行为（无论是故意引导、无意纵容、能力受限、操作失误还是意外情况），都将造成难以估量的政治影响。

互联网企业对特定信息的放行或禁止，将对网络政治带来很大影响。在互联网日益被卷入全世界各个国家内部政治的背景下，互联网企业无异于获得了超级裁判权，可以放大或削弱某些政治力量的声音，甚至将其"红牌罚下"。

二、网络政治动员

网络政治动员在宣传、动员和组织协调上实现了重要创新，正在塑造一种去中心化的社会运动方式。这种新模式冲击了全球多个国家和地区的政治稳定。

（一）运动宣传平台

互联网时代，社交媒体已经深刻改变了全球社会运动的宣传、动员和行动方式，新闻传播的 Web 2.0 时代催生了政治 2.0 时代，给全球的社会稳定和政治治理带来了新挑战。

从社会运动的宣传角度看，当今的动员平台已经从传统的电视、电台、出版物等转移到了网络社交媒体。社交媒体赋予了大众政治能量，公民参与冲击了既有的文化环境，重新塑造了参与者的身份认同，从而推动了社会运动的进行。

在很多运动发生前的较长一段时间内，社交媒体上的宣传已经酝酿了广泛的舆论基础。值得注意的是，社交媒体以极低的成本重构了身份认同，瓦解了既有的"想象的共同体"，"99% 对 1%"这类认同标志通过互联网建构和扩散。在某些运动前，"99% 对 1%"的认同塑造了参与者的身份，这不同于传统的阶级认同，而是一种新建构的阶级划分。

在运动爆发点上，社交媒体发挥了"点火"作用。从境外案例来看，在某些运动持续期间，社交媒体发挥了"直播"作用，参与者获得了"公民记者"的身份，可以进行报道，通过个人"朋友圈"传播并动员，维持了运动的热度，脸书、推特等平台持续更新的消息，现场拍摄到的图片、视频及人们对这些内容的编辑，成为影响舆论态度和运动走势的重要因素，不同群体自制的"真相"甚至催生了网上"平行的世界"，一些群体对"有视频依据"的谣言坚信不疑，不断强化自身的错误信念。

从境内来看，社交媒体同样在我国的群体维权活动、群体性事件中发挥了重要作用。一些利益受损群体主要依靠微信群、QQ群进行维权宣传，如发布行动倡议书、宣传海报、长篇评论等，同时他们试图占据社交媒体。在群体性事件中，特别是在聚焦本地问题的邻避运动[注14]中，社交媒体的宣传作用较为突出，从微信群、QQ群、微博、论坛等平台可以观察到，大量消息，特别是图片、视频，会沿着本地社区网络快速传播。

（二）组织动员方式

互联网同样改变了社会运动的组织动员方式。有观点认为，互联网和科技进步打破了旧的权力等级制度，那种高度组织化、集中化、垂直化的传统社会运动模式已开始退场，而分散化、去中心化的直接的社会运动（或许更像是集体行动）模式已初现端倪。

就社会运动的过程而言，社交媒体在建构身份认同的同时，进行了广泛的社会动员，把关注同一问题的陌生参与者组织起来。这种动员方式难以产生主导者和等级性组织，而会形成扁平化的组织网络。有观点认为，与大工业时代组织化的"具体行动"相比，新技术条件下的社会运动更类似于一种"集合性"行动[88]。

在梳理学者关于社交媒体对社会运动影响的分析时，对运动积极与消极的方面都应当关注，其核心问题就是社交媒体改变了社会运动的组织能力。对近年来的部分大型社会运动进行分析，可以发现社交媒体往往能够快速引爆舆论，短时间内动员数十万人上街游行示威；但有些运动在快速出现的高潮过后，还出现了长期持续性的对抗，小规模、低烈度的行动不断。在长期持续的过程中，往往大规模的、和平理性的动员衰退更快：一方面是政府可能会尊重合法的游行示威和民意表达，回应部分合理诉求，让部分参与者满意从而退场；另一方面是因为持续组织和参与大规模社会运动成本较高，组织者和参与者的资源都是有限的，运动往往不会持久。通常极端、暴力倾向的社会运动会较持久，因为小规模的极端分子更容易维持内部的合力和行动的动力，暴力破坏行为会日益突出。

与此同时，纵观近年来全球的重要社会运动，已经很难找到由单一议题主导的运动，而往往是各种不满的大汇聚，表达情绪的诉求代替了解决问题的诉求。这种取向也与互联网的属性密切相关：互联网赋予了个体进行表达的能力，这种表达不需要精英设置议程,不需要政治组织引导方向。这进一步颠覆了集权、等级性、中心化的社会运动组织模式。这或许预示着互联网时代社会运动的重要转向——向集体行动化、无政府主义化的转变。

我国境内的群体维权活动和群体性事件与境外社会运动有很大差异,社交媒体的组织动员作用也有极大不同。一个不引人注意的事实是,很多利益受损群体都不存在线下的共同活动地点,几乎没有面对面互动,甚至很多人素昧平生,这与传统的工人、农民、业主等的维权活动中的强关系具有明显差异。互联网维权成为利益受损群体最核心的组织动员方式,互联网将分散在各地的人际网络联系起来,甚至完全新建了一个虚拟空间,实现了某种意义上的"陌生人集体行动",其特点包括:QQ群、微信群等成为利益受损群体主要的联系和组织平台;网上维权倡议成为主要的宣传动员手段;出现相同诉求的联合行动可能具有全国性甚至跨国性;经过长期活动和网上联络,已经出现了较为固定的组织结构和行为模式;依托网络的维权存在产业化倾向,进而可能出现维权诈骗。

(三)行动协调工具

在具体的行动领域,社交媒体成为重要的现场协调工具。需要强调的是,在有些社会运动中,出现了权力分散化、组织网络化的特征,参与者自发的"协调"很大程度上替代了传统的领导组织及其"指挥"运作,而一些互联网应用正好充当了协调工具。

从近年来一些具有国际影响的社会运动来看，互联网应用在不断发展，新应用层出不穷。例如，在国外近年来的一些社会运动中，加密传输并具备"阅后即焚"功能的"电报"平台成为重要的宣传、动员和组织平台。

互联网通信成为社会运动方与治理方博弈竞争的焦点，有些国家采取了断网这种极端的措施。但也应该注意到，断网可能会暂时压制运动，但并不一定能遏制社会运动的发展，而且断网往往不是切断所有通信，人们还是可以通过电话、短信等"还没断"的方式进行联系。社会运动的参与者往往会采取各种手段保持联系，甚至自主创建平台，或得到境外支持，搭建新的网络连接。

互联网时代创造了社会运动的新形态，也衍生出新宣传、新组织、新协调，以及围绕这些领域的新斗争。社会运动的新形态并不天然有利于参与者，治理方可以利用运动的无政府主义倾向和力量分化等待形势变化，最终掌握主动权。不过互联网强大的动员能力也对治理方形成了更大的压力。

互联网改变了政治冲突的方式，使各方想要达成和解妥协更为困难。各方都应该共同思考，在互联网时代，如何实现良性互动，避免冲突极端化、暴力化、持久化。

三、网络舆论冲击

在我国，互联网上的舆论具有很强的时政属性，网络舆论在反映民情、监督政府的同时，不时对政府产生巨大的舆论冲击。这种问政热情并未消退，而是不断迭代变化，浪潮汹涌澎湃，参与"键盘政治"的人们素质良莠不齐，众声喧哗的舆论场不可小觑。

（一）网络问政新转向

互联网随着自身的快速发展，已经替代传统媒体，成为影响社会舆论的主要领域，或者说主阵地。网络舆论，特别是时政类舆论，对党和政府执政和治理具有重大意义：一方面网络舆论成为重要的治理来源，网上的声音也是民声，需要积极回应；另一方面网络舆论也成为治理对象，部分错误观点会冲击意识形态，对社会稳定也存在危害。

自党的十八大以来，特别是2013年8月19日习近平总书记在全国宣传思想工作会议上发表重要讲话以来，在中央的高度重视下，网信等部门大力整治了互联网舆论领域乱象，大量违规自媒体平台、账号被整顿，一些曾经起到不良作用的"大V"销声匿迹，网络时政类新闻的发布也必须遵循新规定。其间，不少声音认为"大V"已死，众声喧哗的舆论场已经散场。但事实并非如此。网络问政作为一种表达，经过清理、整顿不良倾向后，进入了良性发展的新时代。

如果我们回顾近年来的网络舆论场，仍能想起不少震惊全国的重大舆情事件：雷洋案、魏则西事件、问题疫苗事件、山东聊城辱母杀人案等。网络问政并未降温，不时仍爆发出惊人的能量。

梳理这些重大舆情事件，可以发现如下特点。

一是"大V"并未离去。一些关心社会的"大V"仍然活跃，一些传统"大V"能够坚持正确导向，在时政话题上不触碰红线、不逾越底线，他们发表的观点仍具有持续的热度。

二是专业领域"大V"日渐崛起。一些在互联网上深耕专业领域的"大V"往往成为特定话题的核心，比如引爆疫苗舆论的网文《疫苗之王》的作者兽爷，具有深度调查记者的背景，其自媒体主打财经深度报道，在《疫苗之王》发表前已经颇具人气。从舆论参与的角度看，如医疗领域的丁香医生、烧伤超人阿宝等，都具有专业领域"大V"的身份。

三是舆论引爆平台多元化。梳理近年来的热点舆论，微博、微信、知乎成为重要来源，典型的如魏则西事件最早在知乎出现，山东聊城辱母杀人案、Me Too运动在微博发酵，《疫苗之王》则是在微信平台疯传。可见，微博并未失去广场效应，微信能够在熟人圈子引发共鸣，知乎提问和答案具有很强的传播力。

四是网络表达的立场分化日益突出。网络表达一直被赋予政治参与的意义，构建了一种国家与社会关系的新领域，但问题是这代表谁的政治参与？随着社会的发展和群体的分化，网上的声音也出现了深刻的对立，如阶层与身份、传统与现代、男权和女权等。进一步细分还有更多的网络社群，实际上几乎所有认同都可以细分。多元分化带来了更为复杂的舆论局面，很难有一种声音能代表整个社会，甚至会出现"声音大"的群体"绑架"舆论的现象，对其一味的满足可能会带来对"舆论弱势群体"的伤害。网络社群的成分多元、态度多面、见解多重、观点多变，使得网络生态极度复杂。

五是视频成为最新的舆情来源。 近年来随着网络带宽的增加，视频传播更加便利，秒拍、快手、抖音等短视频应用快速普及，视频监控也得到普及，现场视频、视频节目、直播等成为舆情事件中的重要内容，甚至是关键内核。如在2018年10月的重庆公交车坠江事件中，司机与乘客争执的几秒视频成为解读焦点。一些群体性事件中，现场视频也成为重要传播内容。

那么，我们应当如何看待网络问政的持续发展？经过一段时间的网络治理，网络空间日益清朗。清朗不是没有声音，网络问政不会消亡，网络赋予个体的表达能力始终存在。包括党员干部在内的所有人，都应该以更加自信、理性的心态面对时政话题，合法的话题要诚恳面对，非法的话题要从容处置，在复杂的舆论迷雾中正确作为，体现出自身在新时代的能力和担当。

（二）民情汹涌不息

就网络时政舆情的内容来看，除了明显触碰红线、逾越底线的极少数内容，还包括大量争议性的话题，焦虑与愤怒成为当今突出的心态。争议背后反映了社会发展过程中积累的现实和观念层面的矛盾，这些争议既是社会人日常生活经历的痛点，也是领导干部亟待掌握的民情，特别是党和政府需要应对的难点舆情。其中，安全、发展、文化等方面（实际上还有更多议题）的争议多发，反映了当今社会的焦虑。

在经济快速发展的时代，人们很容易忘了安全才是最基本的需求。种种安全问题不断刺激公众的恐慌情绪，安全感受到冲击成为舆情领域应当关注的热点。

一是社会极端案件，即向不特定对象使用暴力，或称为"报复社会"，典型行为包括在公共场所持刀伤人、驾车撞人、公交纵火等，这种事件往往容易引发市民的恐慌情绪且震荡舆论，甚至诱发个别人模仿，出现一系列社会极端案件，并诱发恐怖袭击的谣言。

二是公共健康危机，典型的如疫情扩散（禽流感、猪瘟）、食品安全事件、问题疫苗事件，这些危机的背后是社会安全保障机制的不健全，社会信心出现动摇。如问题疫苗事件发生后"家长狂翻疫苗本"就是恐慌情绪的表现，愤怒的对象也从直接责任人向治理机构蔓延。深挖、起底、解读成为下一步的认知需求和媒体报道的着眼点。

三是涉众经济案件，例如，尽管P2P"爆雷"通常被认为是经济案件，但引发大量投资人持续行动的不只是利益损失，还包括对得到"公正"对待的渴望，以及维权活动塑造的集体意识。有些过激的投资维权者会建构起自己认为的"政府责任"，用"闹"向政府施压。

四是灾难事件，无论是水灾、火灾、地震、爆炸、矿难还是交通事故，都具有强大的舆论冲击力，不仅灾情牵动人心（我们可以回顾一下汶川地震），救灾措施和灾情解读同样吸引眼球，网传的灾区负面消息（其中部分为谣言）、质疑当地政府的应对措施，以及对灾难的产生原因的不同解读，都会成为持续的刺激源，对政府舆情应对形成严峻挑战。

另外，发展仍是我国当前的重要主题，特别是在经济新常态下，舆论场中的焦虑情绪十分突出。比如，教育领域的"军备竞赛"将很多家长拖入焦虑深渊，"海淀拼娃式"的教育不断刺激家长，小学针对社会地位对家长的面试筛选、家委会竞选中炫耀性的身份展示、英语水平作为孩子之间相互比较的一大标准、5岁孩子长达15页的精装简历等，种种扭曲的竞争刷新了网民的认知。

文化领域的冲突也体现出多重矛盾，以下分几方面来分析。一是中国和外国实力比较方面。随着我国近年来的快速发展，与其他国家在多个维度上的比较已经发生变化，网上风气也从对外仰视开始转向平视，有时还站位更高，这造成了网民对同一问题具有截然不同的观点。这种转变一方面具有明显的积极意义，但也存在矫枉过正的倾向。部分网民为国自豪的立场，通过正能量话题不断自我强化，乐见我国之长和别国之短，但也存在片面的观点；部分网民更关注发展中的问题，但其中部分人不能客观分析，而是简单对比中外、评判优劣，存在妄自菲薄的谬误；而能客观看待"我的国厉害和不厉害"的网民在舆论场中并不占优势，往往是两个极端的网民在舆论场中互相攻击，污染舆论环境。

二是渲染文明冲突。随着网络民粹主义的兴起，有些关于文明冲突和民族问题的错误观点具有潜在危险。有部分网民过度强化特定少数民族、宗教的文化特征，试图建立拒绝交流、交融的身份认同，在文化上疏离主流。对此我们应该认识到，过度强调文明的冲突，会引发内部撕裂和外部矛盾。

三是传统与现代的冲突。在弘扬中华民族优秀传统文化的同时，一些传统也受到了质疑。比如，一些中药毒性不明，有的中药注射剂的疗效被质疑缺乏科学依据；某些传统武术被现代搏击打败并被揭出实战短板，导致人们质疑一些比武活动"作假"；个别地方出现"女德班"、男尊女卑论调。什么才是值得继承和弘扬的优秀传统文化？中国传统文化好在哪里？这些课题还有待深入研究和阐释。

四是性别争议。性别矛盾已经成为突出的争议话题，如关于"田园女权"与"直男癌"的讨论矛盾突出。一方面是消费主义激化了婚恋问题上的性别矛盾，一方面是传统男权观念与性别平等的现代价值存在深刻冲突，两个问题混杂在一起,导致鸡同鸭讲般的争吵。

在政府治理层面,上述负面情绪成为突出的治理难题。冲突面前,"@"有关部门要求处置的声音不小,政府的任何治理行动,甚至带有倾向的表态,都难免被视为"站台",遭受部分舆论质疑,由此政府背了不少"黑锅"。

存在的必有其原因,在我国快速发展的大背景下,矛盾积聚、产生负面情绪是难以避免的。政府需要站稳立场,线上和线下双管齐下,及时解疑释惑、化解矛盾。

(三)"键盘政治"不止

在网络舆论场的争议中,"键盘政治"成为一个突出现象,其极化现象已成为扰乱网络舆论场的重要问题。如同现实世界,网民的观点和立场的差异是普遍存在的,这是正常的现象,问题是争论能否在合法、理性、包容的环境下进行,推动社会形成共识,而不是加深撕裂。这种网上网下的极化倾向不仅体现在当代西方政治中,在我国也在一定程度上存在。

"键盘政治"的典型特点就是"只站队,不站'对'"。"键盘侠"得益于互联网赋予的"匹配"便利,找到"同志之士"建立社群,建构身份认同,在群体内强化身份,攻击不同观点。这种"贴标签""戴高帽""打棍子"的行为在网络上并不少见,从最开始的"五毛""美分"向更为多元的领域扩展,如时政领域的"自干五""小粉红""公知",性别领域的"田园女权""直男癌",等等。

当然，这种互贴标签的行为，除了普遍性较强的"五毛""小粉红"和"美分""公知"外，往往具有小圈子的特点，符合此前提到的"网络巴尔干化"特征。这种小圈子有固定的话题、参与者和"意见领袖"，一般难以产生重大舆情冲击，只是逐渐积累对立情绪。尽管部分网上争论已经较为严重，甚至偶尔引发治安或刑事案件（如持不同观点的网民线下约架，一些涉事人员被司法机关依法处罚），但一般情况下，产生具有普遍影响的舆情事件的网上争论并不多见，这主要可能是议题本身的局限性所致。

但在某些语境下，这些议题也可能卷入更大的议题。一是公然冲破舆论底线，引发社会公愤，如"精日"群体媚外辱华的线下活动；二是因"大V"言论引发网民"选边站队"，如某些娱乐明星的"粉丝"造谣攻击"共青团中央""紫光阁"账号，大部分网民纷纷嘲讽不良"粉丝"，齐齐声援；三是议题连接更具普遍性的话题，比如不同观点被贴上是否爱国、是否危害国家安全的标签。

应该说这是一种网络亚文化，网上也确实出现了不少亚文化群体，但这些群体的行为并不只是源自兴趣和娱乐。"键盘政治"具有一种理论建构能力。首先是"民科式"的理论建构。在知乎上不难看到有网民贴出文献、已解密的档案、中外学术著作等作为争论依据，一些"民科大V"被封为"大神"。而现代社会高度分工，很多方面的知识有极高的专业门槛，不适合引入舆论场被广泛讨论。网络赋予了讨论基础，扩大了参与规模，刺激了发言的欲望，但并不能有效提高参与者运用知识的能力,因而也就难以避免地出现了普遍的"半懂不懂""盲听盲信"的情况。此外,网络理论建构具有虚无化风险(历史虚无主义即其中一种),这成为"键盘政治"的常态。比如在军事领域,很多"军迷"热衷于讨论中外军事装备,分析战争成败,但他们连枪都没摸过,更别说做军事指挥了;在历史领域,很多历史话题需要大量古文、外文阅读的基础和考据功底,而大部分网民普遍还停留在观看电视剧、阅读畅销书和个别经典史籍的水平。

对于政治理论建构来说,一些人基于特定的政治立场扭曲知识,在"键政圈"兴风作浪。比如在对明末历史的"键盘"讨论中,给魏忠贤"洗地"、谴责东林党是既得利益集团等"翻案潮流"无疑为强化当今的网络民粹主义提供了"历史依据"。值得关注的是,这种"民科式"的"键盘政治"讨论,容易构成某种有害的舆论力量,产生负面的政治动员作用。与之相对应用的是,现在西方世界的民粹主义背后也有很多"民科式"的理论依据,比如认定移民的犯罪率更高、非裔的智商低于白人,等等,境外互联网也不乏这些"键盘政治"现象。这些所谓的"理论阐述"在特定语境下很有蛊惑性,对当今世界的政治生态已经形成严重冲击。

对我国而言,各种网络政治话题可能会带来意识形态领域中的新风险,"键盘政治"也会衍生"松土"风险。这种"松土"主要体现在侵蚀主流叙事和社会共识,撕裂社会,挑起网上争论上。对此,应强化主流话语的引导,将其渗透到网络讨论中,遏制"键政圈"的恶性发展。

四、网络谣言传播

网络谣言是困扰当今全球各国政府的治理难题。经过多年的大力整治,在网上造谣生事的不良"大V"有所收敛,但网络谣言成为政治工具的问题不应被忽视,特别是在重大舆情事件中,谣言仍不时出现并造成恶劣影响,谣言背后的市场化土壤也亟待清理。

(一)政治领域是网络谣言的高风险领域

在百度百科上,"谣言"有这样的定义:没有事实存在而捏造的话;没有被公认的传说。分析一下可以发现,谣言作为古已有之的信息"病毒",注定在互联网时代"重焕生机"。互联网赋予了大众建构"事实"的能力,削弱了既有权威的叙事,这两点分别对应上述两个定义。在互联网时代,网络谣言引发公众恐慌情绪、扰乱市场秩序、诱发政治动荡的风险值得关注,如放任它大行其道,不加以正确应对,必然带来极大的负面影响。

有学者认为,谣言的传播力＝事件的重要性 × 事件的模糊性 × 公众批判能力[89]。通过这一谣言传播公式不难推断,政治领域必定是网络谣言的高风险领域:政治本身的重要性毋庸置疑,围绕政治议题的舆论争议必将导致事件的模糊性提升,而公众批判能力可以被视为上述公式中的一个常量。

分析网络政治谣言,应该注意两点。一是谣言的一般特征,即满足受众的认知需求,特别是对时政的关注。官方媒体的报道解读相对有限,互联网开辟了新的舆论空间,给政治谣言的传播打开了通道,而对其辟谣的能力还有待提高。这是一个网络治理问题。二是我们在西方国家的政治斗争中已经清楚看到,谣言能够成为政治斗争的武器,而且在网络上日益"发扬光大"甚至"登堂入室",谣言的政治性不容回避。党员干部面对政治谣言,一定要站稳政治立场,提高政治鉴别力,同时也要提高媒体素养,掌握政治谣言的传播规律。

(二)网络谣言寄生于热点

近年来,在政治、经济、社会民生、自然灾害、涉外等领域发生的一系列热点事件中,多有网络谣言滋生和传播,从而误导视听、煽动民意,为相关事件的善后处置、维护社会稳定与网络和谐等带来负面影响。近几年,山东聊城辱母杀人案、四川泸州太伏中学学生坠亡等事件中就出现大量谣言,其中部分谣言流传甚广、危害巨大。

通过谣言传播公式,我们也可以理解热点事件的网络谣言风险:热点事件即网民期待了解的重要事件,当事件在互联网上刚刚曝出来的时候,其真相必然是模糊的。通过分析梳理,社会热点事件中滋生的谣言大致可以分为以下4类。

一是一线爆料式。在热点事件发生后,部分所谓的"当事人""相关人员"等"身处一线"的人员,通过微博、微信、短视频等新媒体发布揭露"当地黑幕的详细内容"或进行"冲突现场直播",这样容易博取网民信任,造成谣言的大量传播。比如四川泸州太伏中学学生坠亡事件后,微博、微信上出现多条所谓的"本地人爆料","镇长、校长的子女打人""黑社会收保护费""50元封口费"等谣言的散布者均自称来自当地。

二是嫁接证据式。热点事件中的传播者通过制造、嫁接或篡改其他事件的视频、图片来制造谣言的"铁证",这类"证据"具有很强的迷惑性,普通网民往往在初期难以分辨真伪。目前网上存储了大量视频和图片,很容易找到相似"证据",只需简单转发图片和视频链接,必要时进行"编辑",就可以在微信、微博等平台上疯狂传播,以显示所谓的"有图有真相"。如四川泸州太伏中学学生坠亡事件中,就出现了所谓"太伏中学坠亡学生在教室被人用钢管殴打"等的视频。不过,"嫁接证据"式谣言多是利用网上的公开素材进行拼接、剪辑和加工等,很容易被网民查证辟谣,被"打脸"的速度往往较快。

三是解读破案式。此类谣言主要是指在重大热点事件发生后,网民不断主动搜集新发布的消息作为证据,提出基于信息、推理和猜测的解读,形成网上"自发破案"的热潮,而网民的"断案结果"往往与官方口径出现冲突。北京红黄蓝幼儿园虐童事件中,有网民和自媒体起底红黄蓝幼儿园背景,通过"天眼查"等工具梳理红黄蓝集团的股权结构,整理出红黄蓝创办人、大股东的背景资料。警方公布频繁断电导致幼儿园监控视频存档的硬盘受损后,网上出现多篇分析硬盘损坏的可能性、能否修复的"科普文",并认为视频有备份而要求官方公开。这一过程还会出现信息扭曲、滋生谣言的情况。比如在四川泸州太伏中学学生坠亡事件中,尽管参与讨论的大多数网民并不懂法医学,但还是有部分网民咬定尸体上的瘀青是殴打而非坠楼所致。

四是新闻报道式。此类谣言主要存在于重大社会热点事件中,部分媒体(自媒体)发布有关事件的失实报道,或者故意捏造信息,在网上形成谣言传播,以达到引导舆论走向、提升自身关注度等营销目的。

总结上述4类谣言类型,可以发现,与传统媒体相比,互联网比较容易成为谣言的重灾区。互联网的去中心化和大众参与属性会导致模糊空间的产生,多元真相、"后真相"的出现是必然结果。在众声喧哗之下,一切真相都变得模糊了。因此,面对网络谣言,关键是有效地在多元的信息中确立有绝对优势的唯一正解,迅速辟谣,打击谣言。

梳理媒体有关应对谣言的建议,结合各级党员干部的实际工作,以下几方面值得关注:对于政府相关部门,要提升监测能力,掌握舆论不断出现的新动向,为舆情应对打好基础;面对公众的疑问与谣言的泛滥,权威一方不能失语,应及时公布真相、细节和证据;对于权威媒体,要跑在前面勇于担当,及时澄清争议问题,成为网络的"定海神针"、网民的"定心丸",自身还要对信息严格把关,不能为平息舆论而造谣;对于舆论引导的管控部门,还要继续完善舆情处置体系和辟谣平台，增强处理能力；在法律法规上，也还有继续完善的空间，从针对具体问题的治理向网络生态治理迈进。

（三）市场化的网络谣言

在部分热点事件的炒作中，我们可以看到网络推手的身影。网络推手不只是传播谣言，他们现在已经形成一个寄生在互联网经济上的生态链，养活了大量造谣账号和人员，这个问题值得专门讨论并严加治理。

公安部于2013年8月部署全国公安机关集中开展打击网络有组织制造、传播谣言等违法犯罪专项行动，依法查处了一批有组织造谣传谣的违法犯罪案件，以其中的"秦火火案""立二拆四案"为例，可以一探网络推手的真容。经查，"立二拆四"编造"郭美美2.6亿赌债"，炮制网络电影《我叫郭美美》，策划杨紫璐干爹门事件、僧人船震门事件；"秦火火"造谣温州动车事故中意大利遇难者获得赔偿3000万欧元、各地民政局发通知要求单位企业职工给红十字会捐款等。这些网络推手不仅编造谣言博眼球，还策划了围绕谣言的炒作，恶意造谣意图十分明显。当前，恶意编造网络谣言会受到公安机关的沉重打击和查处，但是网络推手的土壤依然存在。

从网络推手编造谣言的目的来看，除了上述的博眼球外，更多则具有明显的营销目的，特别是在经济活动中借机牟利。这类谣言引发了受众的恐惧和焦虑，诱导受众进行病毒式传播,典型的如宣称保健品能治病、给"网红"产品编造用后感、炒作买学区房上名校、P2P推手等,特别是通过制造恐慌向老年人兜售绿色食品、特效药物、医疗器械的谣言营销在微信朋友圈十分常见。

在具体操作上,既有专门的网络推手团队操作多个账号,从事"专业"谣言营销;也有部分行业人员的兼职行为,比如有房地产中介人员开设微信公众号,专门炮制教育类"爆款"文,借学区房话题炒高房价;也有个别"大V"通过软文进行流量套现,主要表现为给特定产品写好评。从传播渠道上看,谣言营销可以利用微博、微信公众号等公开渠道传播,通过微信熟人圈子传播,还可以借助智能推送工具精准"忽悠"。

以最常见的养生类谣言营销为例,据媒体报道,生活中频现的微信"鸡汤文",如"人生不得不提的30个忠告""这五种食物千万不能吃"等,暗藏着获利丰厚的"转发"产业链,这些"鸡汤文"中还大量植入劣质保健品、假冒伪劣药品等的广告,严重误导消费者。一些"涉网"不深的老年人群深受其害。2015年以来,媒体报道了"血钻野燕麦"等微信虚假广告诈骗案例。不少中老年顾客受夸大的保健功能和免费领取商品的诈骗手法的误导、欺骗,购买了大量"三无"产品,甚至有人被骗50余万元。2018年11月,炮制酸碱体质理论的罗伯特·O.杨被美国法院以非法行医罪判处1.05亿美元的罚金,境外舆论声讨的这个理论已在我国流传多年,中老年人朋友圈成为重灾区,国内跟风营销的"砖家"和企业不在少数。

除了常见的商品营销,一些造谣的自媒体还干上了敲诈勒索的勾当。随着媒体密集曝光某些自媒体的黑幕,自媒体敲诈勒索的手段得以曝光。据媒体报道,不同于传统的假记者"有偿不报",自媒体无须"跑现场",只需"闭门造车"——不采访,直接整合材料,再加上道听途说的内容,配上一些来源不明的微信截图,所谓的"独家爆料"就此产生。比如把房企预收款说成高负债,把管理层调整说成高层"地震",将消费者群当作敲诈筹码,编造食品安全事件,散布企业"爆雷"谣言制造恐慌,矛头对准房地产、餐饮、P2P等行业进行敲诈。自媒体敲诈还出现了产业链,自媒体小号敲诈、大号合作,公关公司充当中介分账,还有自媒体组团敲诈、配合发稿,一旦企业给了一家"封口费",其他一些自媒体就会蜂拥而至前来敲诈,手法诸多,乱象频生。

谣言营销对特定企业乃至一整个行业,往往具有极强的杀伤力。据媒体梳理,近年来因网络营销号造谣而受打击的行业不少。在食品行业,从"塑料大米""塑料粉丝""胶水面条"到"假鸡蛋",整个行业受到很大的冲击。如2017年2月的"塑料紫菜"谣言,造成占全国紫菜市场70%份额的福建晋江加工企业陷入停产、半停产状态,损失惨重,并波及沿海养殖户和渔民的生计。

自媒体敲诈已经向一些高端领域转型升级,介入商业竞争并充当"打手",比如"黑公关"。暨南大学新闻与传播学院等机构发布《"网络黑公关"研究报告》称,在分析的30起事件中,超过60%的"黑公关"事件的幕后推手都有具体目标，被攻击目标和幕后推手基本都在商业上存在竞争关系。[90] 中国政法大学光明新闻传播学院副教授朱巍表示，利用今日头条、新浪微博散布营销信息，侵害他人商誉的事件并不少见。"一旦出现侵害他人商誉的行为，给别人造成巨大损害，比如在融资阶段、在IPO（Initial Public Offering，首次公开募股）上市阶段进行商业诋毁，几个账号连续发几篇文章，互相炒作，就能造成一个企业的市值大幅贬损，将一个企业'干掉'。"[91]

当然，自媒体敲诈勒索的对象也不只是企业，一些网络"大V"打着维护社会公正的旗号，暗地里勒索地方政府挣"黑钱"，名利双收。犯罪团伙往往打着"法律和舆论监督"的幌子，以网络为犯罪平台，大肆敲诈勒索，通常以为当事人提供"法律服务"为幌子，迫使党委、政府、企业主要领导满足其条件，通过帮人"了难"来大肆敛财。

五、网络负放大器

当我们欣喜地看到互联网给个体、企业、社会赋能的同时，往往想当然地认为其赋予的是"正能量"。但事实上还有另一面：互联网促成的行为在金融风险、企业平台和灰黑地带这3个方面存在负外部性，值得特别关注。

（一）金融风险放大器

近年来，互联网金融领域的大起大落是金融风险放大器的一个典型案例。从2013年互联网金融被寄予创业风口的厚望，到2015年年底泛亚、e租宝相继案发，引发舆论警惕，再到2018年年中P2P平台酿成"爆雷潮"，其间还穿插现金贷、虚拟货币的大起大落，网络金融风险持续爆发造成的损失难以估量。金融本身具有风险属性，加上互联网的巨大能量，扩大了风险规模，衍生出了新的风险领域，我们应当认识到这一点。

互联网金融被视为传统金融机构与互联网企业利用互联网技术和信息通信技术实现资金融通、支付、投资和信息中介服务的新型金融服务模式。"互联网＋金融"意味着打破了金融机构的垄断，实现了金融服务的去中心化，酝酿并扩大了风险。互联网金融的风险一部分源于金融自身的风险属性。正如银行、基金、保险等金融机构可能违约甚至破产，公司违法、投资失败、企业经营不善、受市场波动冲击等原因也可能导致互联网金融机构面临风险。与此同时，互联网所联通的陌生人之间，没有血缘和熟人社会的信任，也缺乏约束和惩罚机制，相较于传统民间借贷，互联网借贷违约的可能性更大。互联网促成的金融行为中，双方的身份具有不确定性，对方是否合法经营、信息是否属实、是不是骗子，甚至是不是存在，都可能存在不确定性，会带来风险。互联网金融作为一个新生事物，必然存在一定阶段的监管缺位，容易导致市场环境鱼龙混杂、良莠不齐，纵容经营者越轨和违法。互联网本身的脆弱性也让风险提升，比如网络攻击可能导致平台运行事故，甚至资金可能被盗取。这些风险主要表现如下。

一是互联网金融聚集了大规模风险。我国互联网金融行业规模大,普遍认为信贷余额已达万亿元规模,居于世界第一,部分平台已达上百亿元的规模,几乎相当于小型银行。无论相关企业是因为违法经营,还是因为市场或政策原因"出事",后果都是非常严重的。根据媒体报道,泛亚投资者共22万人、牵涉430亿元资金,e租宝投资者共90万人、实际吸收资金500余亿元,钱宝网被查时尚未兑现的资金达300亿元,唐小僧被查时累计交易750亿元、用户达1000万人……互联网金融行业风险大规模爆发。从线下风险来看,涉案平台的用户纷纷迅速组成维权组织,一些大案出现持续多年的维权活动。

二是互联网金融的资质难保。2019年3月初,微信安全中心发布了《关于处理微信个人账号发布"违法违禁品"售卖信息的公告》,打击非法发放贷款行为(即未经金融监管部门批准,以盈利为目的,向不特定的对象出借资金,以此牟取高额非法收入的行为)。仅2019年年初至当年3月,微信共对2500多个非法发放贷款的账号进行了阶梯式处理,并对1000多个非法发放贷款的微信群进行了封停处理,可见此类非法发放贷款的行为并不少见。除了非法放贷,还有非法吸收公众存款和非法集资的现象。网贷平台作为中介机构,充当了理财平台,但其往往并不具备资质和能力。一些无准入门槛、无行业标准、无监管机构的"三无"P2P网贷平台混迹于互联网金融市场,产生了大量金融风险。

三是部分所谓金融创新实际上有诈骗嫌疑。 根据目前已曝光的案件，泛亚、e租宝、钱宝网等被以非法吸收公众存款罪和集资诈骗罪起诉和审判，本身具有犯罪属性。一些非法集资如庞氏骗局等趁机披上了互联网金融的"外衣"，以高额回报为诱饵面向社会大量募集资金，然后靠扩大客户规模借新还旧。一旦资金链断裂，这些公司就会跑路消失，特别是一些平台事发后没有补救措施、没有兑付承诺，老板直接跑路，连员工都被蒙在鼓里，其诈骗动机十分明显。还有的诈骗平台公然"走上街头"，比如2017年4月，大量网民反映亲属被多个类似"慈善富民管理委员会""慈善富民1757群""慈善富民2362群"等名称的微信群"洗脑"，这些微信群以"解冻民族资产"等形式开展网络诈骗活动，骗取钱财。

四是互联网金融衍生灰色地带。 除了典型的金融产品外，互联网金融领域还衍生出多个灰色地带。比如校园贷，网贷平台将资金贷给缺乏支付能力的大学生，衍生暴力催收、个人信息泄露、网络色情产业等问题。部分互联网金融产品瞄准房地产领域，如首付贷降低了购房首付的门槛，引发巨大的泡沫性投资，进而诱发房价上涨，干扰政府房地产调控政策。还有部分网贷平台改变了传统的"培训班式""封闭洗脑"的传销活动，在网上发展下线，通过微信、QQ、聊天室、陌陌等工具编造网络金融创新、新经济模式等概念，开展更具欺骗性的传销活动。值得注意的是，"虚拟货币"也成为传销工具。2016年，公安机关成功破获了关于克拉币、恒星币等的一批重大传销案件，涉及60余个"币种"。"虚拟货币"

容易被非法利用，一些非法数字货币交易平台允许法定货币与"虚拟货币"的直接交易，在去中心化的模式下，部分不法分子获得了便捷的洗钱通道。

五是互联网金融存在网络安全风险。当前，P2P平台已成为黑客攻击勒索的重要目标，全球最大和全球第二大的比特币交易平台Mt.Gox、Flexcoin均因受到网络攻击而倒闭，人人贷、拍拍贷等国内主流P2P平台都曾受到黑客的网络攻击。P2P平台易受攻击源于其拥有大量资金，同时网络防护水平相对较低，有的甚至从网上下载开源P2P平台代码就开始运营，资金和人员维护方面也存在诸多不足。目前黑客行为多为盗取资金、勒索平台，还有部分黑客受行业竞争对手的指使，导致受攻击平台的用户个人信息泄露。

六是监管面临两难境地。当前对互联网金融行业加强监管已成为社会共识，问题是在累积的巨额资金面前，不监管会"出事"，监管则有可能造成市场波动，导致风险向社会其他领域传导。

（二）平台负面放大器

一些互联网企业作为平台，联结了大量生产者、消费者和利益相关方，还存在明显的垄断化趋势，一个举措就可能影响上百万、千万甚至上亿人，其自身因素导致的利益冲突规模巨大。除此之外，这些企业行为还将产生大量负外部性[注15]，导致整个社会为其买单，负外部性放大作用更需引起监管部门的高度重视。

全世界互联网行业近年来出现了垄断化、寡头化趋势。在美国出现了谷歌、亚马逊等巨头,在我国则有百度、阿里巴巴、腾讯等巨头,在细分领域还有滴滴、携程、美团大众点评等。如网约车行业从2012年滴滴的出现,到2015年滴滴合并快的打车,再到2016年合并优步,两三年"烧"出了一个巨头。在团购领域,从2010年的千团大战开始"烧钱",到2015年美团和大众点评合并,排行第一,目前其市场份额已超过行业第二、三名的总和。

部分互联网企业的运营行为直接影响了大量行为主体的利益,诱发了大规模利益冲突。比如2011年10月,淘宝商城发布公告,将技术服务费从6000元提高到3万元和6万元两个档次,商铺违约保证金由1万元提升到5万元、10万元、15万元不等,引发淘宝商户的强烈不满。淘宝商城的一个商业政策直接波及150万商户的生存,甚至动摇了行业的稳定性。

部分企业在获得了市场垄断地位后,其行为的自利性往往会造成用户的损失。2019年1月,《搜索引擎百度已死》一文引发了舆论对百度的新一轮声讨。继通过竞价排名优先推荐"莆田系"医院之后,百度开始优先提供自家的百家号内容,这背后的动机同样是企业为了自身利益考虑。特别是百度已经是国内首屈一指的搜索引擎,具有某种公共服务的属性,此种行为难以让网民满意。2017年10月,有媒体报道在携程预订机票、火车票，经常会被莫名其妙地加入一些默认选择的额外费用，消费者往往不知情，即便知道，也要非常仔细地查找才能找到修改的地方。在携程相继打败竞争对手艺龙、去哪儿后，消费者的利益更是面临着垄断的威胁。

近年来，多个互联网行业大数据"杀熟"问题（给老用户更高的价格）屡受诟病，已涉嫌价格欺诈。根据媒体公开报道的信息，有用户发现订某个特定酒店的房间时，携程长年的价格为380~400元，而淡季的酒店柜台价格在300元上下。有滴滴用户发现，同一段路程乘车，老用户的花费比新用户还多。

除了上述企业内部运营管理造成的负面影响，一些互联网巨头间的角逐也会殃及池鱼，产生负外部性。一些领域出现了双寡头、"一超多强"、跨领域扩张的局面，比如淘宝和京东等电商平台，支付宝和微信支付等支付工具，特别是形成了以阿里巴巴、腾讯为首的企业团体在多个行业角逐，巨头间"二选一"的要求，迫使大量生产者、消费者选边站队。

最早的"二选一"要求源自2010年的"3Q大战"。奇虎360指控腾讯QQ窥探客户隐私由来已久，发布"360隐私保护器"和"扣扣保镖"工具，自动给QQ"体检"；腾讯将其视为大规模客户端软件劫持事件，向深圳公安机关报案，决定在装有360软件的计算机上停止运行QQ，提出"卸载QQ"和"卸载360"的"二选一"要求。此后，我国互联网公司业务互相屏蔽的事件屡有发生。

天猫和京东间的竞争也经常引发"二选一"的争论。如2017年7月12日，京东、唯品会同时通过官方微博发表"关于联合抵制不正当竞争行为的声明"，称"某电商平台"（指天猫）滥用市场垄断地位，裹挟商家签订"独家"合作协议，从京东和唯品会等平台退出。其实多年来，在"双11"前后，天猫、京东"二选一"的话题都会出现。

在电商平台"二选一"的背后，是"阿里系"和"腾讯系"企业的一系列互相屏蔽事件。如2014年2月，支付宝对外宣称将停止受理微信的支付接口申请，已经通过申请的客户的支付宝账户将逐步被清退。2015年2月2日，支付宝红包开通微信、QQ入口8个多小时后被微信"封杀"，随后不少商家反映通过微信平台开设的店铺无法使用支付宝收付款。虾米音乐和天天动听两款音乐软件已无法进行微信分享。2017年6月1日，菜鸟指责顺丰宣布关闭对菜鸟的数据接口，随后顺丰称是菜鸟率先发难"封杀"丰巢，最终目的是让顺丰由使用腾讯云切换到使用阿里云。2017年6月，有用户发现，摩拜单车（腾讯系）不能使用蚂蚁花呗（阿里系）支付押金。

"二选一"的要求屡受商户和消费者的诟病，他们批评平台滥用自己的市场优势地位，不仅限制了商家的选择权，也影响了公平竞争。2018年8月27日，全国人大常委会四审电子商务法草案，再次加大了对平台强制"二选一"的惩戒力度，将罚款上限由三审稿中的50万元提至200万元，为打击"平台欺店"提供了法律依据。该法已于2019年1月1日起开始实施。

（三）灰黑地带的形成

联通世界一直是互联网的伟大理想，问题是联通的是什么样的世界。我们已经看到互联网在联通世界的过程中提供了很多美好的产品和服务，推动了社会的发展，改善了人类的福祉；但与此同时，也形成了一些灰黑地带，甚至孕育了一些社会毒瘤。

一些互联网应用容易滋生灰黑地带。2018年11月，腾讯宣布暂停微信和QQ的漂流瓶功能，原本鼓励陌生人建立社交的应用，最终因无法有效控制色情信息的泛滥而不得不暂停运行。快速被叫停的拼房App，刚一出现就被曝光纵容异性拼房、暗藏违规交易等风险；支付宝开发的社交应用暴露在校女生的私人信息，该应用被迅速关闭。

还有部分非法物品和服务公然在网上交易。2018年9月，有媒体曝光淘宝上有商户公然销售猪肉牛肉注水机，并将其标注为公益宝贝。2018年10月，有媒体爆料有卖家以保健品名义出售"乖乖水""听话水"等迷药。2019年5月，有媒体曝光百度搜索成为场外配资大行其道的灰色走廊，检索"场外配资"首页的10条信息中有5条是场外配资广告。

"暗网"更是一个黑色地带。接入"暗网"需要特定的软件和密码，它的隐匿性很强，为有的人创造了一个不受管制、信息畅通、交易安全的"暗黑系淘宝"和"犯罪天堂"，促成了很多原先难以达成的非法交易，交易内容涉及个人信息、儿童色情、恶意软件、毒品、军火等。如美国2017年取缔的"暗网"市场AlphaBay，就是毒品、武器、冒名与失窃身份证件和其他非法物品交易的最大的线上黑市，AlphaBay上的卖家多达4万人，客户超过20万人。在关闭前，该网站上列出的非法药品和有毒化学品的交易条目超过25万条，失窃身份证件和信用卡数据、恶意软件等的交易条目超过10万条。2017年，澳大利亚警方关闭了"暗网"上最大的一家儿童色情网站"儿童游戏"，该网站关闭前已经吸引100多万用户注册，活跃人员有3000~4000人。

"暗网"不分国界，同样危害着我国的安全。2017年2月，有机构发现名为"DoubleFlag"的知名暗网供应商正在出售窃取自我国多家互联网公司的10亿条账户数据。2018年8月，华住集团旗下连锁酒店的用户信息疑似泄露的消息被曝光，有卖家在"暗网"打包售卖5亿条住客数据。2018年8月，在"暗网交易市场"网站上，有用户售卖顺丰快递数据，号称总量多达3亿条。

更为极端的情况是，互联网还会滋生自杀社群之类的罪恶网络。媒体报道多地接连发生了网民通过自杀社群相约轻生的恶性事件，自2000年左右开始出现的"约死群"至今"野火烧不尽"。2017年，据国内媒体报道，一款名为"蓝鲸"的社交游戏在多个国家获得青少年群体的关注，并在俄罗斯、巴西等地引发青少年自杀。

六、网络平台违法

互联网上也存在不少违法行为,部分已经形成较大规模,甚至出现灰黑产业链。个人信息的泄露让众多网民头疼又无奈,"网络水军"扭曲了正常的市场机制,给网民造成不少损害。随着近年来平台违法行为的日渐凸显,全社会愈发要求规制平台的野蛮发展,维护网络空间的良好秩序。

(一)个人信息泄露

当我们在 PC 端或手机端安装软件,在一个看不完的协议下选择"同意"时,或者在银行、酒店、餐厅或玩网络游戏进行支付时,就已经将个人信息交付给平台,这样个人信息就成了大数据资源。更广义地讲,无论是上学、就医、纳税还是驾驶,当我们的信息被机构记录时,大量个人信息也被记录下来,成为一种大数据资源。海量数据成为大数据产业的燃料,为我们带来了无穷的便利,同时也将个人信息置于前所未有的风险之中。

个人信息泄露问题在我国十分突出,这也是网民对互联网行业野蛮发展的诟病之一,其背后有深刻的"互联网逻辑"。有观点认为,随着互联网业务线的扩展,互联网平台越来越意识到数据信息的价值,对数据的收集、分析逐渐成为其核心竞争力;另一方面,互联网与生俱来的开放特质使大量数据存在泄露的风险,不法分子可以利用各种技术漏洞,大规模采集、存储、追踪特定人员的数据。

在我国互联网与各行业深度融合的背景下，个人信息泄露呈现频发态势。中国消费者协会 2018 年的网络问卷调查显示，高达 85.2% 的受访者都遭遇过个人信息泄露。受访者认为互联网、房地产、教育培训、快递、物业、服务、金融、旅游、医疗、汽车等行业存在个人信息泄露问题[92]。从泄露源头上看，2016 年的《中国个人信息安全和隐私保护报告》显示，因网页搜索和浏览而泄露个人信息的受访者占 53%；邮箱、即时通信、微博等网络账号密码被盗的受访者占 40%；因房屋租买、购车、考试和升学等泄露信息的受访者在 30% 以上；被冒充公检法、税务机关工作人员的不法分子诈骗、恐吓的受访者比例达 19%[93]。

梳理已经公开的个人信息泄露案件，其中规模较大的如 2017 年 3 月公安部破获的某案件显示，犯罪团伙通过"黑客"手段入侵多家公司的网络服务器，从中盗取公民个人信息后在网上出售，同时复制银行卡，实施盗刷银行卡等违法犯罪活动，涉及的信息达 50 亿条；2018 年 8 月华住集团旗下多家酒店品牌的 5 亿条用户信息疑遭泄露，包括 1.3 亿条身份信息、2.4 亿条开房记录等；同年 8 月，绍兴越城警方破获的案件显示，某公司拿到了运营商服务器的远程登录权限，利用自主编写的恶意程序清洗和采集用户 cookie、访问记录等关键数据，然后再通过精准营销、恶意弹窗、加粉、刷量等方式将数据变现，涉及 30 亿条用户数据。

互联网公司掌握着大量的数据，计算或"算计"着用户的生活。当用户享受更准确的广告、更精确的推荐以及更多的出行导航、理财推荐时，也面对更多的"套路"。中国银联利用大数据进行的分析显示，目前90%以上的电信网络诈骗案件是违法分子依靠掌握公民详细信息进行的精准诈骗[94]。以山东徐玉玉被电信诈骗案为例。嫌疑人杜某利用技术攻击山东省2016高考网上报名信息系统，并植入木马病毒。陈某从杜某手中以每条0.5元的价格购买了1800条高中毕业生资料，雇郑某、黄某等人拨打电话实施精准诈骗，最终导致被害人徐玉玉死亡。这是犯罪分子利用个人信息实施诈骗的一个典型案例，此案件促成了相关部门联手重拳打击电信网络诈骗违法犯罪。

一系列触目惊心的大案背后，是一个庞大的数据黑灰产业链。湖北省公安厅网安总队于2016年9月向媒体介绍称，从当时掌握的情况来看，我国网络黑产从业人员数量已超过150万人，其背后孕育着一条千亿元级别的黑色产业链。阿里巴巴发布的《2018网络黑灰产治理研究报告》披露，2017年我国网络安全产业规模为450多亿元，而黑灰产业已达千亿元规模，黑灰产业的规模比安全产业更大[95]。

从数据黑灰产业的运作来看，《财经》杂志调查显示，据不完全统计，国内个人信息泄露达55.3亿条左右，大约平均每人有4条个人信息被泄露，并在黑市中被反复倒卖，直至被榨干价值。其中，80%的数据泄露自企业"内鬼"，黑客窃取的仅占20%。"内鬼"、黑客、爬虫以及手握数据的公司与个人之间的数据互换，是构成地下数据交易的主要来源，这些数据再经过清洗、分类，从不同的渠道销售出去，除了用于网络诈骗、电信诈骗，信息的泄露可能还会导致受害者账户内的余额、积分等被转走,更甚者,账号被操纵进行"薅羊毛"、刷单、刷票、刷粉等行为[96]。阿里巴巴的研究报告则揭秘了黑灰产业的四大类型:源头性黑灰产业(恶意注册、虚假认证、虚假交易等),技术类黑灰产业(非法软硬件开发制作、非法技术服务等),恶意交易、交流平台(QQ群组、论坛、网站、接码平台等),各类犯罪行为(诈骗、信息泄露、盗窃等恶意行为)[96]。

近年来,随着个人信息泄露问题日益受到瞩目,呼吁个人信息保护立法的声音日渐高涨。2017年6月,《中华人民共和国网络安全法》颁布,配套出台的《最高人民法院 最高人民检察院关于办理侵犯公民个人信息刑事案件适用法律若干问题的解释》则从刑法层面进一步明确了侵犯公民个人信息行为的定罪量刑标准,为执法扫清了障碍。截至目前,《个人信息保护法》和《数据安全法》已被列入全国人大立法规划,相信这两部法律的确立将为个人信息保护提供强有力的保障。

(二)数据操控与"网络水军"

当前网络数据已经深刻塑造了我们的生活,不仅满足并制造了大量需求,也直接影响了人们的行为模式。买东西前要看电商平台上的评价,浏览新闻要关注热度排行和网民评论,这些都是网络数据在发挥作用的表现。而一旦网民参考的网络数据受到操纵,整个世界将陷入扭曲和混乱。当今世界,网络数据操纵已成为日益严重的问题,其中的典型就是"网络水军"。

根据国家互联网信息办公室公布、2017年10月1日起实行的《互联网跟帖评论服务管理规定》，拿钱发帖，即做"网络水军"是一种违法行为。近年来，"网络水军"愈发猖獗，渗透的领域越来越广，已形成一条黑色产业链——以网站为平台与桥梁，"雇主"通过网站发布任务，"网络水军"认领任务并及时反馈完成情况，"雇主"审核任务完成度并结算佣金。推手市场的背后是资本的支持，网络推手的行为实质是商业资本介入互联网的一种网络营销。

一些媒体的调查为我们提供了"网络水军"产业链的图景。从产业结构上看，上游是广告投放，需要"网络水军"造势的客户；中间形成一批核心中介人员，他们在接单后组织下游人员从事网络推广活动；下游直接参与发帖的人包括社会闲散人员、在校学生、家庭主妇和网络"大V"等。从涉及领域来看，包括微信刷阅读量、微博刷转评赞、微博加粉、投票助力、电商刷评、电影刷评、视频刷观看量、直播平台加粉等，一切皆有可能。以2017年4月广州市公安局打掉的"三打哈"网络水军团伙为例，它提供非法违规的关键词上首页、负面舆论公关、品牌及产品营销、软文营销、撰写新闻稿等服务。

除了前文分析的通过网络谣言进行虚假宣传，"网络水军"最常见的伎俩就是刷单。近年来，寄生在蓬勃发展的电商等平台上的刷单灰色利益链应运而生。有观点认为，"刷单"已形成灰色产业链，有数千万人参与其中牟利，还出现了公司化、科技化、规模化的倾向，这成为电商行业难以根除的"毒瘤"。刷单组织规模不一,人数少则几十、数百人,多则数千人,隐身于各大语音平台及QQ群中。阿里巴巴通过梳理数十家全网刷单团伙的数据发现,这些团伙招募的上百万名"刷手"中,70%的刷手年龄为20~24岁,大部分是在校大学生,他们平均每天参与10余次虚假交易、虚假软件下载等任务[97]。

刷单产业也出现了"智能化转型",比如用机器人智能搬运评论。2018年10月,有数据团队曝光旅游网站马蜂窝的2100万条"真实点评"中,有1800万条是通过机器人从大众点评、携程等其他平台抄来的。有观点认为,点评内容"搬运"基本可看作互联网行业里公开的秘密,此前关于线上酒店数据"注水"的报道已屡见不鲜,还有其他一些旅游类应用曾被质疑数据造假。

机器人刷单的"威力"已经跃出常见的互联网领域。2015年11月,公安部侦破伊世顿国际贸易公司涉嫌使用境外研发的高频程序软件,参与并操纵期货市场的犯罪案件。高频交易被认为是使用算法快速捕捉短时的微小变化,进行大规模订单的自动化程序交易。随着"互联网+"的深入推进,原本属于企业或个体的金融领域中突然出现机器人"超级玩家",这必将搅乱整个市场,其造成的安全风险不容忽视。

刷单现象为何屡禁不止?有观点认为,网商对商品销售量和顾客差评异乎寻常地敏感,因此他们对刷单有依赖症,刷单已成为商家的惯用伎俩。互联网改造了消费者,当消费需要依据网络数据进行时,刷单必将成为营销竞争的焦点。这是一个必然的资本逻辑。

对于刷单行为,平台有责任治理,实际上也有能力治理。比如阿里巴巴"反刷单"智能团队通过开发 DeepFraud、DeepSeq、DeepGraph 三大通用算法模型,再配合不同业务场景建立风控模型,已经搭建起一套打击刷单行为的系统。新浪微博团队针对热搜榜和热门话题榜的刷榜行为,不断进行算法升级,并设置了以大数据识别为基础的防刷体系,实现实时识别和拦截,并公开进行处罚。这表明,平台本身有能力遏制刷单行为,关键是落实责任。这不仅需要企业自律,也需要社会监督。

(三)平台必须受到规制

当前互联网已经成为社会的基础设施,互联网企业(特别是一些巨头)获得了巨大的社会影响力和治理权力,很多企业因具有平台性质,成为规则的制定者和执行者,自然应当承担更大的责任。不过在互联网野蛮生长的阶段,社会舆论对此并未给予足够的重视。经过一系列负面事件和相应的治理措施的推出,全社会才从对互联网行业野蛮生长的狂热追捧,逐渐转向对资本贪婪的警惕和防范,形成依法治网的新共识。

2016 年 1 月,快播涉传播淫秽物品牟利案庭审的直播引发一轮网络激辩,王欣等 4 名高管上演了一场"法庭辩论剧","技术不可耻""快播无罪"等言论居然得到不少网民的支持。快播助长淫秽物品的传播是确切的事实,"擦边球""利用法律漏洞"的行为需要治理——技术本身的确不可耻,但滥用技术的人是可耻的。有观点认为,快播被查宣告着一个时代的结束,社会的进步已经到了与灰色地带野蛮生长挥手告别的时候了,技术创新需要配套法律创新,需要制定明确到位的细化条文,"谁经营,谁负责"的企业责任逐渐成为我国互联网领域的常识。

2016年6月14日,时任阿里巴巴董事局主席的马云在投资者大会上表示,"大品牌通常用很多OEM(Original Equipment Manufacturer,原厂委托制造,俗称代工)……生产正品和仿品的可能就是同一个工厂,它们的产品不见得比正品差"。该观点被舆论解读为"假货更好论",不少网民对此表示不满,声讨遭遇的假货问题。不仅淘宝饱受假货的诟病,其他电商平台也不能幸免,京东、拼多多都曾深陷假货的舆论旋涡。面对假货,各电商平台都表示"坚决打击",虽然效果仍有待观察,但在平台责任上已经形成共识。

2016年4月,魏则西事件将百度竞价排名问题推上风口浪尖,百度依赖竞价排名的商业模式成为众矢之的,有观点认为,百度客观上充当了"莆田系"的帮凶,应为虚假医疗广告的泛滥承担责任。从监管部门到普通网民,均希望百度作为国内搜索行业中的重要企业,切实担起相应的社会责任。

2018年5月~8月,连续发生两次年轻女性乘坐滴滴顺风车遇害案件,此后,更多涉及滴滴平台的刑事案件被曝光,对滴滴的声讨深入平台垄断问题。滴滴对暴露的安全漏洞进行了全面的整改,但其平台的安全风险长期存在,资本逐利属性难改,加强监管势在必行。

2016年,习近平总书记在网络安全和信息化工作座谈会上指出,"一个企业既有经济责任、法律责任,也有社会责任、道德责任""希望广大互联网企业坚持经济效益和社会效益统一,在自身发展的同时,饮水思源,回报社会,造福人民"。

互联网发展到现今阶段,该领域寡头化、平台化趋势愈发明显,互联网日渐成为国民经济的基础设施,同样需要承担更多的公共服务职能和社会责任。在这一背景下,强化平台责任已经成为互联网治理的重要一环,也成为全社会日益强烈的共同心声。

面对互联网发展带来的机遇和挑战,以习近平同志为核心的党中央重视互联网、发展互联网、治理互联网,做出一系列重大战略部署,提出一系列重大政策举措,推动网络空间日益安全清朗。目前,我国不断加强网络安全和信息化顶层设计,网络安全和信息化管理体制机制日趋完善和顺畅。《中华人民共和国网络安全法》这一网络安全领域的法律于2017年6月1日起正式实施,《中华人民共和国电子商务法》《中华人民共和国密码法》《网络信息内容生态治理规定》等一系列配套法律法规相继出台,依法管网治网的格局初步形成。在法律实践层面,2017年8月18日,杭州互联网法院正式成立。2018年9月9日、9月28日,北京互联网法院、广州互联网法院先后揭牌。互联网法院通过审理一批互联网特性突出、法律关系复杂、专业技术性强的互联网案件,依法界定了网络空间的权利边界，明确了网络行为规则，不断完善互联网治理规则，进一步保障了互联网新业态的健康发展。

与此同时，相关部门加强监管、强化整治，对封建迷信、色情低俗、网络暴力等网络不良有害信息，以及侵犯公民个人隐私、网络攻击、恶意营销等网络违法行为重拳出击，形成有力震慑。在专项整治的基础上，相关部门强化制度机制建设，力求形成长效治理机制，持续净化网络空间。在企业层面，2002年3月26日，130家互联网从业单位签署了我国第一部互联网行业自律公约《中国互联网行业自律公约》。多年来，广大互联网企业积极落实主体责任，强化行业自律，持续抵制低俗有害信息，维护网民合法权益。在保护网民权益的同时，行业自律也为我国互联网行业的健康持续发展提供了重要保障。对于网民而言，文明上网、理性发言、争做中国好网民日益成为大家的共识，好故事、好声音、好榜样成为网络空间的主旋律、正能量。

2018年8月，习近平总书记在全国宣传思想工作会议上指出，我们必须科学认识网络传播规律，提高用网治网水平，使互联网这个最大变量变成事业发展的最大增量。互联网这个变量在不断发展演变，网络治理也要持续进化提升。2019年7月24日，中央全面深化改革委员会审议通过的《关于加快建立网络综合治理体系的意见》指出，要坚持系统性谋划、综合性治理、体系化推进，逐步建立起涵盖领导管理、正能量传播、内容管控、社会协同、网络法治、技术治网等方面的网络综合治理体系，全方位提升网络综合治理能力。在这一过程中,广大党员干部应该发挥重要作用。

本章梳理了互联网在政治、舆论、经济等方面蕴藏和制造的风险。现在是互联网时代,风险社会是这个时代的特征。面对这些风险,大惊小怪、惶恐畏惧都是不必要的,我们反而应该去拥抱风险、适应风险,在风险中重塑自身,提升应对风险的能力。在这个意义上,互联网时代给党员干部提出了新的课题。不管是引导发展,还是防范风险,都是必修课。希望您读完本书时,对互联网规律及其具体体现有新的认知,获得有益的启发、借鉴和警醒。

注 释

注1：黑天鹅，即黑天鹅事件，指非常难以预测且不寻常的事件，通常会引起市场连锁负面反应甚至颠覆市场。"黑天鹅"事件满足以下3个特点：具有意外性；产生重大影响；人的本性促使我们在事后为它的发生编造理由，并且或多或少认为它是可解释和可预测的。

注2：灰犀牛，在金融领域是指那些经常被提示却没有得到充分重视的大概率风险事件。

注3：摩尔定律，由英特尔公司联合创始人之一戈登·摩尔提出。该定律指当价格不变时，集成电路上可容纳的元器件数目，约每隔18～24个月便会增加1倍，性能也将提升1倍。后来，这一更新速度不断被修正。

注4：吉尔德定律，由美国著名经济学家、未来学家乔治·吉尔德在1993年提出，该定律被描述为主干网带宽的增长速度至少是运算性能增长速度的3倍，即网络带宽的增长速度是摩尔定律预测的CPU等硬件性能增长速度的3倍。

注5：梅特卡夫定律提出了网络价值的估算公式，即网络的价值与联网用户数的平方成正比。

注6：信息茧房，由美国学者桑斯坦提出，指人们的信息领域会习惯性地被自己的兴趣所引导，从而将自己的生活桎梏于像蚕茧一般的"茧房"中的现象。

注7：长尾市场，由《连线》杂志前主编克里斯·安德森提出，指我们的文化和经济重心正在加速转移，从对头部的少数主流产品和市场的需求转向对尾部的大量产品和市场的需求。

注8：达维多定律，英特尔公司前副总裁威廉·H.达维多认为，任何企业在本产业中必须不断更新自己的产品，一家企业如果要在市场上占据主导地位，就必须第一个开发出新一代产品。

注9：生态位，生物学中指每个生物种群在生态系统中的时空位置及其与其他种群之间的功能关系，一个种群的生态位是由其食物或生存环境决定的。这里借以隐喻"大V"在网络中所处的位置。

注10：群体极化，一种社会心理学理论，指成员在群体决策中往往表现出一种极端化的倾向，即转向冒险的一端。

注11："暗网"，是互联网"表层网"以下的部分，其显著特点是使用特殊加密技术刻意隐藏相关互联网信息。

注12："黑五"，即"黑色星期五"。美国的圣诞节大采购往往在感恩节（11月的第四个星期四）之后，即从星期五开始，商场会推出大量的打折、优惠活动。美国商场的盈利一般以黑色记录，因此这一天也被称为"黑色星期五"。

注13：鄙视链，是当今网络社会中一种自我感觉良好而瞧不起他人的现象，具有类似食物链的结构，层层向下鄙视。

注14：邻避运动，指居民或当地单位因担心建设项目（如垃圾场、核电厂、殡仪馆等邻避设施）会给身体健康、环境质量和资产价值等带来诸多负面影响，而被激发出嫌恶情结，滋生"不要建在我家后院"的心理，即采取强烈和坚决的、有时高度情绪化的集体反对甚至抗争行为。

注15：负外部性，指未能在价格中得以反映的、给交易双方之外的第三者所带来的成本。

参考文献

[1] 中国互联网信息中心. 第45次中国互联网络发展状况统计报告[R/OL].(2020-4-28)[2020-04-30].

[2] 夏征农,陈立至. 大辞海[M]. 上海:上海辞书出版社, 2009.

[3] 张万民, 王振友. 计算机导论[M]. 北京:北京理工大学出版社, 2016.

[4] 吴军. 反摩尔定律[J]. 中国经济和信息化, 2011, (18):78.

[5] 承健. 安迪–比尔定律[J]. 个人电脑, 2007, (11):130.

[6] 荆林波. 达维多定律的魔力[J]. 中国电子商务, 2001, (6):60-61.

[7] 刘燕. 创新：只怕看不见，不怕来不及[N]. 科技日报, 2015-07-01(12).

[8] 吴军. 浪潮之巅[M]. 第3版. 北京:人民邮电出版社, 2016.

[9] StatCounter GlobalStats. Search Engine Market Share in China – Nov 2019[EB/OL]. (2019-10-02)[2020-02-10].

[10] 腾讯科技. 李开复：互联网行业并非完全垄断 仍然可超越[EB/OL]. (2011-10-31)[2020-02-10].

[11] 吴小波. 微软与网景的浏览器之争[J]. 新财经, 2002, (9):64-65.

[12] 王志玲, 燕光谱, 蓝洁. 基于技术成熟度曲线的大数据分析[J]. 中国科技信息, 2016, (10):59-62.

[13] 王湛, 吴荃雁. 科技创新未来，取决于人类理性的光辉[N]. 钱江晚报, 2017-08-21(A0009).

[14] 吴汉洪. 互联网经济的理论与反垄断政策探讨[J]. 财经问题研究, 2018, (09):3–18.

[15] 腾讯科技. 凯文·凯利：互联网自然垄断带给用户更大价值[EB/OL]. (2012–04–23)[2020–04–10].

[16] 胡虎, 赵敏, 宁振波, 等. 三体智能革命[M]. 北京:机械工业出版社, 2016.

[17] 农业农村部信息中心, 中国国际电子商务中心研究院. 2020全国县域数字农业农村电子商务发展报告[R/OL]. (2020–04–30)[2020–05–11].

[18] 安德森. 长尾理论：为什么商业的未来是小众市场[M]. 乔江涛, 石晓燕, 译. 第4版. 北京:中信出版集团, 2015.

[19] 新京报网. 社科院报告：网红与粉丝集中在17到33岁高学历人群[EB/OL]. (2017–06–26)[2020–04–08].

[20] 彭兰. 网络传播概论[M]. 第4版. 北京:中国人民大学出版社, 2017.

[21] 滕广青, 姜航. 社群用户信息决策中级联效应判识的修正[J]. 情报科学, 2013, (01):106–110, 117.

[22] 桑斯坦. 网络共和国：网络社会中的民主问题[M]. 黄维明, 译. 上海:上海人民出版社, 2003.

[23] 郭秋萍, 任红娟. 信息空间巴尔干化现象探析[J]. 情报理论与实践, 2011, 34, (12):37–40.

[24] 李玲玲, 相春雷. 走出信息安全的"死循环"[J]. 软件和信息服务, 2010, (6):20–31.

[25] 中青在线. 后勒索病毒时代谁来守卫祖国第五疆域[EB/OL]. (2018–01–15)[2020–04–08].

[26] 中国新闻网. 白皮书：手机APP权限滥用造成个人信息泄露[EB/

OL]. (2018-11-30) [2020-04-08].

[27] 新浪网. 携程梁建章: 人口多能促进收入提高和旅游发展[EB/OL]. (2017-04-21)[2020-04-08].

[28] 广东省统计局. 2018年广东国民经济和社会发展统计公报[R/OL]. (2019-02-20)[2020-04-08].

[29] 腾讯研究院. 2016互联网创新创业白皮书[R/OL]. (2016-09-22)[2020-04-08].

[30] 投中研究院. 2018中国VC/PE市场数据报告[R/OL]. (2019-01-11)[2020-04-10].

[31] 清华大学国家金融研究院创业金融与经济增长研究中心, 全球并购重组研究中心, 创业邦. 2018中国CVC行业发展报告[R/OL]. (2019-01-21)[2020-04-10].

[32] Worldpay. 2018年全球支付报告[R/OL]. (2018-11-20)[2020-04-10].

[33] 中国信息通信研究院. 中国数字经济发展与就业白皮书（2019年）[R/OL]. (2019-04-18)[2020-04-15].

[34] 中国社会科学院中国循环经济与环境评估预测研究中心, 阿里巴巴集团研究中心. 电子商务的环境影响报告[R/OL]. (2011-07-26)[2020-04-15].

[35] 中国支付清算协会. 2018年移动支付用户调研报告[R/OL]. (2018-12-24)[2019-12-06].

[36] 央广网. 2019年春运大幕开启 铁路部门推出15项便民利民措施[EB/OL]. (2019-01-21)[2020-04-15].

[37] 比达咨询. 2018年中国共享单车用户体验调查报告[R/OL]. (2018-12-07)[2019-12-06].

[38] 联合国经济和社会事务部, 国家行政学院. 2014联合国电子政务调

查报告（中文版）[R/OL]. (2014-08-12)[2020-04-15].

[39] 新京报网. 中外嘉宾共话大数据时代的政务服务[EB/OL]. (2018-11-08)[2020-04-15].

[40] 徐佩玉. 互联网催生公共服务新模式[N/OL]. 人民日报海外版, 2018-12-05(8).

[41] 柏长德. 湖南省城乡数字鸿沟问题及其对策研究[D]. 湘潭:湘潭大学, 2007.

[42] 杨启光, 赵雪丽, 贾丙新. 缩小"数字鸿沟"促进教育公平: 美国家庭连接项目[J]. 徐州工程学院学报（社会科学版）, 2017, (04):85-89, 98.

[43] 人民网. 消除互联网发展的数字鸿沟[EB/OL]. (2016-04-25)[2020-04-15].

[44] 环球网. 算法与"信息茧房"间不应画等号[EB/OL]. (2019-12-17)[2020-04-08].

[45] 半月谈网. 电子产品正在废掉农村娃！[EB/OL]. (2019-11-27)[2020-04-20].

[46] 吴孝武, 段金柱, 王永珍, 等. 勇立潮头, 建设"数字福建"——习近平总书记在福建的探索与实践·信息化篇[N]. 福建日报, 2017-08-28(1).

[47] 人民论坛网. 缩小城乡"数字鸿沟" 服务农村经济社会发展[EB/OL]. (2014-11-20)[2020-04-20].

[48] 任若梦, 罗国亮. 浅析我国电力普遍服务[J]. 电力技术经济, 2005, (6):5-8.

[49] 姜爱林. 电信普遍服务的实施模式与效益体现[J]. 湖南文理学院学报（社会科学版）, 2006, (03):69-74.

[50] 李丹, 吴祖宏. 电信普遍服务的社会经济效益分析[J].当代通信, 2006, (01):90–92.

[51] 晓镜. 大国之痛: 美国电信普遍服务路难行[N]. 人民邮电报, 2018-04-02(3).

[52] 中关村在线. 微软表示美国近一半的人没有接入高速宽带[EB/OL]. (2019-4-11)[2020-04-20].

[53] 正确认识宽带资费比价[J]. 中国电信业, 2011, (12):16–17.

[54] 李梦琼. 电信普遍服务中面临的困境及对策[J]. 法制博览, 2017, (21):189–190.

[55] 陈明慧, 艾维依. 移动互联网背景下农民信息诉求公平问题分析[J]. 新闻爱好者, 2018, (07):53–55.

[56] 马亮. 中国农村的"互联网+政务服务": 现状、问题与前景[J]. 电子政务, 2018, (5):74–84.

[57] 新华网. 网络提速降费再出实招, 五位专家怎么看？ [EB/OL]. (2017-03-07)[2019-12-06].

[58] 宽带发展联盟. 2019 年第三季度《中国宽带速率状况报告》(第25期)[R/OL]. (2019-11-25)[2019-12-06].

[59] 王君兰. 宽带网络"提速降费"的"绊脚石"有哪些?[J]. 通信世界, 2017, (14):28–29.

[60] 胡皓达. 世界历史上著名的资产泡沫事件[J]. 上海人大月刊, 2016, (9):51–53.

[61] 艾媒咨询. 2018年度互联网上市公司亏损榜单[R/OL]. (2019-05-07)[2020-04-20].

[62] 金融时报网. 中国科技初创企业烧钱[EB/OL]. (2019-04-10)[2020-04-20].

[63] 艾瑞咨询. 2019年中国网络视频版权保护研究报告[R/OL]. (2019-03-16)[2020-04-20].

[64] 艾瑞咨询. 2019年中国网络文学版权保护研究报告[R/OL]. (2018-12-20)[2020-04-20].

[65] 新浪网. 涉嫌侵权被起诉 字节跳动对旗下平台"改头换面"[EB/OL]. (2018-11-07)[2020-04-20].

[66] 国家新闻出版广电总局"强化网络版权执法监管"调研组. 强化网络版权执法监管 维护网络版权传播秩序[J]. 中国版权, 2015, (1):17-19.

[67] 国家信息中心分享经济研究中心，中国互联网协会分享经济工作委员会. 中国共享经济发展年度报告（2018）[R/OL]. (2018-02-27)[2020-04-20].

[68] 智联招聘. 智联招聘2019春季跳槽报告[R/OL]. (2019-03-19)[2020-04-20].

[69] 阿里研究院. 解构与重组：开启智能经济[R/OL]. (2019-01-11)[2020-04-20].

[70] 中国信息通信研究院. 5G经济社会影响白皮书[R/OL]. (2017-06-15)[2020-04-20].

[71] 中国信息通信研究院. 通信企业5G标准必要专利声明量最新排名(2018)[R/OL]. (2019-01-03)[2020-04-20].

[72] 央广网. GSMA：2025 年中国将成为全球最大5G市场[EB/OL]. (2018-06-28)[2020-04-20].

[73] IT之家. 中国移动总结5G商用四大挑战：网络实施、投资收益、行业融通、范式变革[EB/OL]. (2018-12-08)[2020-04-20].

[74] 谢昌荣, 曾宝国. 物联网技术概论[M]. 重庆:重庆大学出版社, 2013.

[75] 中国信息通信研究院. 物联网白皮书（2018）[R/OL]. (2018-12-12)[2020-04-20].

[76] GSMA 智库. 中国5G：典型行业应用[R/OL]. (2018-06-27)[2020-04-20].

[77] IDC. 2018 年上半年全球物联网支出指南[R/OL]. (2019-01-10)[2020-04-20].

[78] 清华大学中国科技政策研究中心.2018中国人工智能发展报告[R/OL]. (2018-07-14)[2020-04-20].

[79] 普华永道. 抓住机遇[R/OL]. (2017-06-27)[2020-04-20].

[80] 中国发展研究基金会, 红杉资本. 投资人力资本，拥抱人工智能：中国未来就业的挑战与应对[R/OL]. (2018-08-22)[2020-04-20].

[81] 世界经济论坛. 2018 未来就业报告[R/OL]. (2018-09-30)[2020-04-20].

[82] 环球网. 关于人工智能对就业的挑战 中国人最为乐观[EB/OL]. (2018-02-07)[2020-04-20].

[83] 托夫勒. 第三次浪潮[M]. 黄明坚, 译. 北京:中信出版社, 2006.

[84] 中国电子信息产业发展研究院. 中国大数据产业发展水平评估报告（2018 年）[R/OL]. (2018-04-16)[2020-04-20].

[85] 国务院发展研究中心国际技术经济研究所. 中国云计算产业发展与应用白皮书[R/OL]. (2019-10-12)[2020-04-20].

[86] 居梦, 左文君. 论网络战在国际法上的界定与性质[J]. 太原理工大学学报（社会科学版）, 2015, (6):20-24.

[87] PANDA S. 美国网络司令部的"论持久战"[J]. 网信军民融合, 2018, (4):69-71.

[88] 樊鹏. 利维坦遭遇独角兽：新技术的政治影响[J]. 文化纵横, 2018,

(4):134-141.

[89] 巢乃鹏,黄娴. 网络传播中的"谣言"现象研究[J]. 情报理论与实践, 2004, 27, (6):586-589, 575.

[90] 暨南大学新闻与传播学院传播大数据实验室. "网络黑公关"研究报告[R/OL]. (2018-8-22)[2020-04-20].

[91] 搜狐网. 网络营销号推广新模式,但对违规者需加强监管[EB/OL]. (2017-12-22)[2020-04-20].

[92] 中国消费者协会. App个人信息泄露情况调查报告[R/OL]. (2018-8-29)[2020-04-20].

[93] 中国青年政治学院互联网法治研究中心与封面智库. 中国个人信息安全和隐私保护报告[R/OL]. (2016-11-21)[2020-04-20].

[94] 界面新闻. 金融支付这些"坑"千万不要踩中国银联发布六大安全提示 [EB/OL]. (2018-05-15)[2020-04-20].

[95] 阿里巴巴,南方都市报. 2018 网络黑灰产治理研究报告[R/OL]. (2018-8-21)[2020-04-20].

[96] 新浪科技. 数据黑产调查:猖獗内鬼、黑客师徒与"灰色暴发户"[EB/OL]. (2017-11-03)[2020-04-20].

[97] 肖菁,朱银玲,西法. 电商起诉刷单平台第一案开庭阿里巴巴诉"傻推网"索赔216万元[N/OL]. 钱江晚报, 2017-2-15(A0008).

后　记

近年来，互联网的加速发展改变了经济发展和社会治理的模式，也在政治和意识形态层面上让国家安全面临新的挑战。把互联网这个最大变量变成事业发展的最大增量，亟待党员干部运用互联网思维，把握互联网规律，理解互联网特点。

把握互联网规律并非易事。我们在写作过程中对此深有感触。互联网领域确实存在一些公认的规律，从字面上理解并不困难，关键是如何在实践中把握。首先要客观看待。对于互联网规律在实践中的表现，一是不能简单套用规律。不能迷信互联网思维，更不应夸大互联网的作用，应该从实际出发看待"互联网+"，互联网只是一个变量。二是要实事求是。互联网牵涉的领域太多、太广，各有各的规律，各有不同特点，本书各章有不同的主题，也有不同的解释，均源于对事实的归纳而非演绎，这种分析方法更接近实际。三是要与时俱进。当今社会快速发展，互联网规律所解释的对象处于变动中，甚至规律本身成立的条件也在变动，Web 1.0 时代的观点不一定适合当今这个时代，本书的观点也可能在未来落伍。四是要辩证看待。事物都存在对立统一的两面，互联网也不例外。

关于互联网规律存在很多对立的学术观点，学者对一些特征、趋势的判断存在争议，但我们应当关注其背后的复杂性。

尽管存在不少困难，把握互联网规律还是我们这个时代中人们的必修课，特别是党员干部的必修课。决定互联网领域中个人、企业、国家发展的往往是其是否按规律办事，是否根据规律的指引引导发展、防范风险。这样的成功或失败的案例在全球已经有很多。正如吴军博士在《浪潮之巅》中提出的"浪潮"比喻，一些企业冲上浪潮之巅，又被浪潮淹没，而一些产业、国家何尝不是如此？我们目睹了中美两国互联网行业的发展速度领先世界，也看到了一些国家和地区的相对落伍；我们振奋于我国互联网企业做大做强成为行业标杆，也日益关注野蛮生长带来的可能恶果。我们需要更好地发展互联网，更需要科学地发展互联网。

2018年4月，在全国网络安全与信息化工作会议上，习近平总书记指出，信息化为中华民族带来了千载难逢的历史机遇。要抓住这一历史机遇，就要把握互联网规律，使其为实现网络强国建设和"两个一百年"奋斗目标提供助力。当前国际网络空间的竞争日趋激烈，国内互联网的发展也进入新的阶段，不仅考验着相关企业和从业人员，更对广大党员干部服务我国互联网发展大局提出了更高的要求。希望本书能帮助党员干部把握互联网规律，并在引导发展、应对挑战上为大家提供有益的启发、借鉴和警醒。